雑誌記者目次

雑誌編集長の哀歓

編集長任期三年の説

「戦後派編集長」というタイトルで、『週刊朝日』の最近号に、中央公論と文藝春秋の新編集長のインターヴューが載っていた。戦後派編集長という言葉の面白さもあることだろうが、編集長の交替が週刊雑誌のトピックになるという時代の到来には少し驚いた。長い間、雑誌の編集をやってみて、たくさんの編集長の送迎を経験したが、かってこれが記事になったことがあるだろうか。この週刊誌の記事を見た昔の仲間はみな、「編集長もフットライトを浴びる時代が来たね」と口々に私にいう。長い間、不遇といわれたわれわれの仕事も徐々に世間の注目を浴びるようになったことは、古い編集者として喜ばしい。同時にそこにはおのずから自戒の念がないわけでもない。若い編集長の諸君もおそらくおなじ気持と思う。

今度の二人の戦後派編集長の就任の抱負を語っている言葉は、それぞれに雑誌の性格を現わしているところが面白かった。『中央公論』は『中央公論』らしく、『文藝春秋』

の編集長は『文藝春秋』という雑誌のもっている雰囲気をそのまま撒きちらすような発言をしている。雑誌全体のもっている空気というものがいかに根強いものか、今更ながら、しみじみ感ずる。

二人とも戦後すぐ入社して、だいたい十一、二年の社歴である。ほかの社会なら、まだ係長か、せいぜい課長どまりであろうと思う。ところが日本の雑誌では、この人たちが編集長という大きな責任を背負うことになるのだが、見ていて心強さと同時に痛々しいような気もなくはない。私も昭和十九年に、はじめて、『文藝春秋』の編集長になってからのいろいろな楽しかったことや、辛かったことが、一時に頭に押し寄せてくる。

二人は学校も違うし、意見も、考え方もずいぶん異にしているようであるが、共通点は共に元日本陸軍の軍曹であるということである。これは、いただける。戦争中の学徒動員で行った連中だから、当然、将校になっていなければならない筈である。ところが、二人ともいわゆる「乙幹」で帰ってきたところはなかなか見事である。将校大量生産時代によほどワクを踏みはずさなければ、将校にされてしまうところである。いずれも旧日本陸軍の規格はずれである。しかし、ジャーナリズムの世界では、合格品なのである。

彼らの階級は陸軍軍曹だが、編集長の仕事の実際は大尉で中隊長といったところである。(人によっては総合雑誌の編集長の文化的ウェイトを一つの文化大学の学長ぐらいに見てくれる有難い人もいる。)弾丸の降る中を真ッ先に飛び出して行くのであるから、死傷率も高い。うまくやって貰いたいと思う。私が編集長になった時に、或る親切な先輩が「お前も中隊長になったようなものだ。これから一番大事なことは、ほかの部員より五分でも早く社へ出ることだ。これがすべての基本だ」といってくれた。つまり中隊長の姿がどこからでも兵隊の見えるところにあるということが自分のチームを引き締め、引率する上で最大の要訣であるという意味であろうか。私は夜更かしなので、この忠言を文字どおり遵守したおぼえはないが、それでも宿酔《ふつかよい》の朝、ゆうべ一緒に呑んだ部員より先に社へ出るという気持だけはもっていたように思う。

編集長のする仕事というのは、量的にも、質的にも多いので、なかなかからだが保《も》たない。仕事は、大体半年ぐらいから調子が出て、二年目ぐらいからバテてくる。しかし惰性で三年ぐらいはどうやら胡麻化せる。三十代という若さのもっている体力だけがこれに堪えられる。私なぞ、長い間、編集長ばかり勤めていたように言われるが、三年目ぐらいに交替をさせて貰った。社によっていろいろ方針の相違はあろうが、だいたい三年目ぐらいで編集長は交替した方がよい。そのへんが能力的にも、肉体的にも、一応の限界である。もしその編集長を長く使いたいと思ったなら、ときどき休ませなければならない。才能を鰹節のように削ってゆくことばかりでなく、休ませることによって、再び肥らせることが必要だ。ほんとうに人間の才能を（才能だけが命の職業である）大事にするなら、それくらいの余裕はみてほしい。私など、だいたいそのくらいの間隔をおいて休暇、或いはほかの雑誌の編集長に換えられるというようなことを繰り返してきた。ありがたかった。外国へ行くということも一つの精神的蓄積である。なにもしないで、社の閑職にあるということも、ある意味では蓄積であろう。また病気休養も、蓄積ともいえる。私はこの二十五年の間に二回、結核をやって、おのおの半年くらい休んだが、いま考えてみて、その休養中の読書というものがずいぶん役に立っている。ことに戦後二度目の療養長期欠勤のときには、いろいろな意味で勉強になった。あらゆる種類の雑誌を読んだり、よく売れている雑誌を分析して頭の中で納得させたり、けっこう病気を離れて楽しかったことを憶えている。

とにかく、編集長は若くなければならない。肉体的の条件が大きくモノを言うからであるが、考えてみると、編集者で一番怖ろしいのは、精神の動脈硬化である。

大体において、こんな商売をやっている連中は、気が若い。「お齢に似あわず、お気が若い」編集長は、いくらでもいる。見たところも若いし、本人も若い気でいるが、その仕事を見ていると、どこか精神の関節が硬化しているのである。自分の考えが固定していて雑誌の内容に流動性が乏しくなっている。あわただしい世の動きに、テンポが合わなくなっている。

テンポなど合わなくてもよい、必要なのは、時代の動きを一定の角度から捉えて動じない「見識」であるという人がある。総合雑誌の編集の場合、この「見識」はいくら強調されても、されすぎるということはないが、しばしばこの「見識」が硬化している場合が多いのである。戦前にも、こうした老頽無惨な「見識」が一億一心で、国民を血と泥土の中に引きずりまわしたことがあるではないか。

太平洋戦争中、陸軍の報道部は編集者をよびつけておいて、報道部長が、

「諸君は米英撃滅のために、編集者としての見識を深めてほしい……」

と大演説するのを、何度、聞いたことだろう。くせになってしまって、爾来「見識」などという言葉をきくと、ゾッとしてくる。

軍人のいう「見識」と、本当の正しい「見識」を混同しているわけではないが、わたしなど長い間の、奴隷時代のジャーナリズムに生息してきた生き残りは、何でも絶対的な、また最上級の言葉やスローガン、または概念を耳にすると、胃袋を逆《さか》なでされるような感じをもつ習性を身につけてしまった。この習性は、ある時には正しいが、時には間違いを起すのである。

新しい時代の出来事やかけ声に、正しく順応しようとしても、心のどこかに割り切れないで引っかかる時がしばしばあるが、こんな時には考えこんでしまう。ジャーナリストらしい柔軟な心は、どこへ行ってしまったのか――と。

自分の好み、考え方が固定してくると、雑誌の色彩が単純になってくる。自分の方針にそって、執筆者が選ばれるのだから、執筆者の顔触れもおのずから固定してくるのは

止むを得ない。同人雑誌ならいざしらず、少くとも商業雑誌の場合、これは老化現象である。

いつの時代にも、頭がパッパッとひらめいて、正しく順応し、ある時には、新時代を予見する——こういったすばらしい天才的なカンなどというものは、まずはこの地上のわれら凡俗にはないものと覚悟をすれば、そくばくかの才能を磨滅しつくさぬためにも、編集長の任期は、三カ年とふむのが妥当なところであろう。

また新しい時代に対して、いつも敏感に反応できるためには、雑誌の責任者は三十代かせいぜい四十代のはじめという、精神硬化のはじまらない年齢が適当だということになろう。

菊池寛氏は「編集者三十五歳停年説」を主張していた。言、奇矯にわたっていたが、ある真実を言い当てているといえよう。ただ現実に三十五歳以上の編集者もたくさん第一線に働いている今日、わたくしは全面的に同意できぬ。

うれしい仲間たち

考えてみると、雑誌記者という商売は妙な職業である。どこか変っている。普通の職業人（読者）と生活感情が違っていてはならないのであるが、しかし実際のところは少し変っているようである。帰宅時間が遅いとか、或いは生活が不規則であるとかよくいわれるが、しかし、これは商事会社の人も忙しいし、学校の先生でも試験のときになれば忙しい。お役人になっても、大蔵省の主計局などは予算編成時には眠る暇もないという。比較的静かな職業といわれる銀行員でも、銀行がしまってからの残務整理はずいぶん晩《おそ》くなるようだ。編集だけが特別に忙しい商売とは思わないが、なにか気の疲れる職業であり、この抜きさしならぬ生活から一種の編集者かたぎというようなものが、おのずから出来上がってゆくような気がする。雑誌の上では、金融引締めとか、貯蓄の必要、資本の蓄積というようなむずかしい言葉を、ひと様に並べさせるが、本人はみな一向に資本を蓄積しない。よく呑み、よく遊び、よく働く人種で、どうもこういう職業の亭主をもった奥さん方には気の毒だ。われひと共に、編集者というやつは将来のことをどう考えているのか、訊きたいぐらいである。

ところが将来のことをマジメに考えているような地道な、まともな人ではまた勤まり切れぬようなところがあるのが、奇妙である。よく「あいつは、ジャーナリストのくせに、サラリーマンくさい」などという酔余の放言を耳にするが、そういう御当人だって、本質はサラリーマンである。きまった時間に出て、きまった仕事をして帰り、提供した労働の対価としての月給を貰って生活している立派なサラリーマンである。ところが、そこのところが、どうも御本人にはのみ込めないようで、なにか特別の職業であるかのごとき気持でいるし、またそういう気分が至るところに現われている職場なのである。

いつか新社屋が銀座に出来上がるときに、わたくしは、「新社屋を見に行ったらどうだい。新しい編集室がなかなか設備がよくできているぜ」と、編集のみんなにいうが、誰も見に行かない。自分がこれから働く新しい事務所ぐらい一度見ておいても悪くないと思うのだが、そのことをいうと、「どうせ移れば毎日行くんだから、いいですよ」という御挨拶である。なるほどそのとおりだと、感心(?)したものである。

ところが引越しの日、自分の机ぐらい自分で運ぼうじゃないかというので、朝早く集合することになったが、こうなると全員早くからやってきて張り切っている。気の早い連中はエレベーターを待たないで、自分で古い机を背負って、ウンウンいいながら四階まで運び上げる。見ていて、ちょっと胸が詰まってきた。ウレシイやつらである。

その時、感じたことだが、こんな引越し騒ぎのようなゴタゴタの時、軍隊生活の体験ある連中の要領のよさである。たとえば昼めし用の弁当が届いたが、いつのまにかなくなってしまった。だいたい、元在郷軍人諸君は要領よく一人で二つぐらいの弁当をさっさとさらって行って食べてしまう。兵隊の経験のない若い社員諸君は、われわれのところへ来て、「弁当、どうしましたか」などといってウロウロしている。なるほどこんなに違うものかと、事の善悪はいざしらず、おかしかった。外套掛けでも机でも、備品の程度のいいものは、ほかの部屋の分をさっさと自分のほうに持ってきて、知らん顔している。アレがない、コレがない、と騒いでいるのはだいたい若い諸君で、元兵隊連中は早々に必要なものと或いは必要以上のものをみな自分の机のそばに置いて、さっさと銀座へ消えて行ってしまう。雑誌の仕事というものも、どうやら毎月引越しさわぎをしているようなもので、役に立つヤツというものはあまり精神高邁とはいえないが、雑誌編集には、なにかこういった素早いところをもってよしとする趣きがあると思う。

いつか社の編集室からボヤを出したことがある。社員がみな帰った八時頃、喫《す》い残しの煙草の燃え殻から原稿紙に火がついて、火が出た。折よく宿直の者が発見して、一坪ばかり天井を焦がした程度で終ったが、火事だというので、夜の銀座を騒がしたことは相当のものであった。私は珍しく夕方、家に帰っていたが、電話がかかってきた。火事だというので、あわてて円タクに乗って社へ乗りつけた。見ると、ずいぶんたくさんの社員がもう社に着いていて、玄関に机なぞ並べて、「お見舞御礼」などと、見舞客をテキパキ捌《さば》いている。ずいぶんうまいものだと思って感心したし、オレより早く来るとは凄いと思って、かたわらの一人を捕まえて、「君ら、ずいぶん早いじゃないか」といったところが、「いや、銀座で呑んでいたら、文藝春秋が火事だというので、あわてて消防ポンプのあとを追ッかけてやってきました」という。野次馬根性とはジャーナリストの本質の一つであるから、彼らがいかに勇躍して、のみ屋から駈け出してきたか、その喜々とした表情から窺えた。ところが、編集部の三分の一近くもその銀座附近で呑んでいたということが、この火事によって判明した。つまり、それだけの員数が社に詰めかけていたからである。早く妻子の待つ家へ帰っていればいいのにとは思うが、こんな時にはやはり社の近くで酒を呑んでいるのが、なにかの役に立つと思っておかしかった。大学ではみな相当な成績で、百人に一人というような入社試験を受けて入った連中だから、知能程度にべつに欠陥があると思わない。頭もよいし、人には礼儀正しい。「見れば教養のある」恰好をしているが、どこかオカシなところがあるところが雑誌記者というものの御愛嬌である。

このサムライの一人が、虫歯で歯医者へ行った。あんぐりと口を開けたところをジロリと見たドクトルは、やがて、ブラシにたっぷりねり歯磨きをつけてきて、

「まず、歯のみがき方を教えましょう」

と、いったそうである。毎朝、歯もロクにみがかない、無類の無精者である。この患者の場合、歯痛以前に問題があったわけである。

編集長の仕事が、キリでもみこむような頭の労働に終始しているといわれ、辛苦多々的かもしれぬが、考えてみると、こういう若くて愉しいサムライに取りかこまれて、雑誌を一冊一冊つくってゆくのである。また、たのしからずやである。とても、ほかの商売をやる気はありません——である。

編集長の武芸十八般

「雑誌編集というのは、ずいぶん忙しいものでしょうね」

と、よく同情される。

「まあ忙しいといえば忙しいでしょうが……なにしろ、好きでやっているんですから」

といった、まことに曖昧モコとした返事をして、お茶をにごしている。

自分の仕事の内容を、くわしく説明すればよいのだが、自分がその中の一部分になって夢中になっているのだから、実際にはあまり考えたことはない。

しかし、これで編集者として一人前になるのは、かれこれ二、三年はかかるようである。大学を出て（出なくても、実際上は、あまりさしつかえはないが、この頃は各社とも殆んど大学出を採用している）、編集の机を与えられ、何ということなしに先輩の見よう見真似をしているうちに、二、三年は経ってしまう。雑誌社などというところは、別に組織立った新人教育をやっていないから、殆んど自分の努力で追いついてゆくより仕方がない。そして、何だか追いついたような気がして、あたりを見まわす余裕も出来、なんだか編集者として自信らしいものの出来るのが、そのころである。

この時一人前にならなければ、その人はどうやら、編集者失格である。いくら学術優等、人格高尚でも仕方ない。

それから、編集長になるには、大体十年の苦労である。サムライ大将になるのだから、サムライのやる武芸は大体、出来なければならない。十八般とはいわぬが、かなりの芸を体得しなければならないだろう。

一、編集者は企画を樹てなければならない。

今月号はどういう問題を扱うか、また、それをどういう筆者に、何枚ぐらいの原稿で頼むかという才覚が必要である。これは編集会議できまることが多いのだが、この企画を自分で考え、これを自分で実行する、そして執筆者から確実に原稿をとるという、言葉は簡単であるが、これだけの内容の仕事を完全にやれるまでには、四、五年の月日がかかる。企画のよし悪しで雑誌がよくなったり、或いは面白くなくなるわけで、しかもこの企画の仕事に限って、これが最善ということはないのである。編集者はいつもよい企画を追い駈ける一種の猟人である。よく鼻の利く猟人で、追い込みがきき、確実に獲物を手にとりあげることに全力を挙げなければならない。

一、編集者は原稿をとらなければならない。

当り前のことである。しかし、この原稿をとるということは、想像以上にむずかしい仕事だ。簡単に原稿を書いてくれる人ばかり集めていたら、雑誌はすぐ精彩を失ってしまう。なかなか書かない人に仕事をして貰うということで、初めて魅力のある雑誌が生まれるわけである。これに熱心でなければならない。また、その執筆者との間に親しい気持の交流が生まれなければならない。信頼感がもたれなければならない。これは編集者自身の人柄や才能の問題でもあるが、やはり一つの修練がものをいう。新米の記者が原稿を頼みに行くと、無理難題の気合いをかける名人がいて、よく泣きべそで、「どうしましょう」といって、電話をかけてくることがあるが、またかと思って、私は苦笑いをしながら、応援に出掛けて行くことがある。有名作家の原稿をとる苦心談だけでも、古い編集者はだれでも一冊ぐらいの本はらくに書けると思う。

一、編集者は文章を書けなければならない。

戦前の総合雑誌の編集の場合は、主として執筆者を選んで、これに執筆を依頼するのが仕事の大部分であったが、戦後はこれがもっと多角的になってきた。戦前の雑誌のやり方を貸座敷編集と呼び、或るページを信頼のおける執集者に開放して任意の題目で書いていただく。たとえば福田徳三とか、河上肇とかの大先生に書いていただく。福田先生などは古代ギリシア語のアリストテレスの原文などを長々と引用されるが、こんなもの、分る人は日本で二人か三人であるが、それでもありがたがって、総合雑誌は売れたものである。最近ではお客も賢くなったので貸座敷だけでは商売にならない。やはり大家さんとしては自分の創意と力で、部屋を飾らなければ、お客は来てくれない。やむを得ず、編集者は自分で企画を立てて原稿を書かねばならぬ。商売として原稿をほんとうに書ける人というのは想像以上に少いものである。たとえば随筆だけでも、個性ある文章を書ける人は恐らく五十人ぐらいしかいないと思う。小説の場合、依頼して確実に掲載できる価値のある小説を書いてくれる作家も、現在では五十人ぐらいであろう。

ところが世の中に面白い話題をもっている人は何万人もいるわけで、ただ彼らは文章が書けない。その話をきいて、こちらで文章にするのである。編集者は談話筆記がうまく書けなければならない。その人が書いたと思われるような調子で忠実に話を文章に直さなければならない。欲をいえば、四人ぐらいの座談会の速記なら一人で書き上げるぐらいの能力が欲しい。いつも速記者を帯同して行くわけにいかない。臨機応変に、集まった人の話を、急いで速記同様にして文章に纏《まと》めなければならない場合もしばしばある。

最近では編集部執筆の特集記事もずいぶん多くなった。これは週刊誌のトップ記事の影響もあるが、問題によっては特定の一人の筆者に頼むより編集部で手分けして調査し、これはこちらで原稿に書いた方が面白くなることがある。そのやり方の方が編集意図がはっきり出るからである。〆切がせまり、出張校正で印刷所の校正室で校正しているかたわらで、せっせと原稿を書いている若い記者を見るのは、戦後の新しい風景である。昨夜は原稿とりや取材で一晩徹夜したのに、なお三、四十枚近くの原稿を書きつづけている若い編集者の無精ヒゲの生えた横顔を見ていて、なんてタフな野郎だろうと、心の中で感嘆する時がしばしばある。

一、編集者は校正をする。

大きな雑誌社の場合は特別に校正部というものもあるが、だいたい今の日本の主な雑誌社では、編集者が主体となって校正をする。これはまた特別な特殊な技術を要する仕事で、なかなか上達しない。私なぞいつまで経っても上手にならない。誤植は白髪のように、もうないと思っても、どっかから現われる。しかし校正のよく出来ている雑誌や書物は、それ自身が大きな社会的な信用である。一流の出版社の作ったものを見た方はみな、これを承認してくださると思う。校正専門家以外に編集者が夜を徹して、この煩《はん》瑣《さ》な作業をしているところを想像していただきたい。

一、編集者は座談会を司会しなければならない。ただ、人に集まって貰って、勝手におシャベリして貰うことでなく、一つの編集意図に添った話題を展開していただくということは相当に高度な知識と技術を必要とする。全体の空気をうまく纏《まと》めて、出席者全部が自分の思うことをすっかり吐き出したという気持になって貰うまで話を進行させるということはむずかしい。出席者全部にわたって、その人たちの経歴や、ものの考え方を勉強しておかなければ、とうていできない。

また編集者はこの速記録を編集しなければならない。ずいぶん秩序よく話が運ばれたようでも、じっさいに原稿にそのまま復元してみると、人間の話というものはずいぶん不完全なもので、二重に喋ったり、或いはよけいな枝葉末節の話が多かったりする。これらを適当に取捨し、最後に結論に向って話を盛りあげるように速記録に手を入れてゆく。やはり数年の経験が必要である。

一、編集者は絵画と写真について相当な知識をもっていなければならない。絵画というのは表紙であるし、写真というのはグラビヤである。絵がわかるというのもずいぶん曖昧ないい方だが、少くとも絵が好きであって欲しいと思う。表紙と絵画との関係はなかなかむずかしく、絵として上等でも表紙として困る場合がしばしばある。この調和をいつも考えていなければならない。

私の雑誌では安井曾太郎氏からずいぶん長い間、表紙を描いていただいた。安井先生の急逝で、ほんとうに淋しくなり、読者からも哀惜の言葉がわれわれあてに雨のように寄せられたが、「安井さんの表紙は必ずしも大衆的な表紙ではないので、だれでもわかるというわけにはいかない。日本に長くいたある神父さんは、私に「安井さんの表紙は、雑誌の表紙としては世界的なものだ」と褒められたことがあるが、生前には読者は必ずしもそうはいかず、「今月の表紙は何が書いてあるのかよく分らない。ああいう表紙は早くやめろ」という手紙のこない月はなかった。ひどい月には十通ぐらい来たこともある。これは少しひどいが、しかしその気持は私にもわからないでもなかった。一年に一、二度は私にもよくわからなかった。表紙の原画が出来てきて、心を躍らせて開けてみると、さて、どちらが絵の上で、どちらが下か、わからない。あわてて裏を見ると署名がしてあるので、それで絵の上下の見当をつけたのである。美術専門雑誌の表紙ならいざ知らず、何十万という雑誌の表紙として考えるとき、私など安井さんの芸術に対してはだれよりも深く尊敬していながらも、しばしば編集責任者として懐疑的になったことを正直に告白しなければならない。安井さんが亡くなってから、殺到する読者の讃辞をよろこびながら、一方ではあの「分らない」といって文句を云ってきた読者はどこへ行ってしまったのだろうと、私には、まことに割り切れない気がする。長年のおつき合いであるが、読者というものは実にバラバラで不思議な存在である。

最近の雑誌はいずれも見る要素がふえて、グラビヤ頁が相当のスペースを占めるようになった。私はいつも若い人にいうが、自分でまず写真を撮ってみることである。カメラマンだけに、いくらこちらの編集意図を説明しても、やはり撮影ということは一つの技術だから、技術面の制約、或いは可能性というものを編集者が知らない限り、この両者の一致はあり得ない。自分が下手な写真を撮ってみて、初めて専門家を尊敬する気持も起きるし、また逆に専門家にネジを捲くこともできるわけである。

一、編集者は広告を作成しなければならない。

専門の広告作成部があって、そこで新聞広告を作っている社も多いが、大多数の雑誌社では編集者が新聞広告を書いている。宣伝広告は高価なものであり、その出来、不出来によって雑誌の売行きを左右するほどのものであるから、これは大きな仕事である。専門の広告作成者は図案やレイアウトはうまく、きれいに仕上げる。しかし力のこもった広告、つまり、この雑誌では何を読者に一番訴えたいかを一番知っているのは、その雑誌を作った編集者であるから、その編集者が広告を書けば、広告面のアクセントがはっきりしてくる。今月は出来がいい、或いは出来が悪いということは、広告を作ってみると一目瞭然である。従って広告を編集者が作るとき、少しぐらい図案は下手でも、また或いは活字の並べ方が不手際であっても、迫力のある広告ができる。その意味で広告作成は編集という作業の締めくくりになると思う。キャッチ・フレーズを考え、新聞の活字や写真製版、凸版などを駆使する技術に熟達するには、数年はかかるのである。

われは喫茶店のおやじ

あまり並べあげたので、いささか面倒でもある。このほかに、筆者の書かれたことの内容について、ひと通りの批判力が要求される。ツケ焼刃ではすぐボロが出るのである。浅くても広い知識が必要だ。

この外に、用紙、印刷や経営上の知識も大切である。何万部売って、いくら儲かるかということくらい、雑誌記者なら誰でも知っていることである。

雑誌記者と新聞記者の相違は、前者が浅くとも何でも知っているのに対し、後者はせまいけれども知識の専門家であることである。更に「雑誌記者は自分のつくっているものの ソロバンを知っているのに、新聞記者は金勘定を知らなくても、新聞がつくれる」ことである。

返品がいくらあると、いくら赤字になるというように、雑誌記者は中小企業者だから、いつでも営業の連中から、シブイ計算表を見せられて、雑誌をつくっているのだ。新聞の論説委員のように、高邁の言を吐いてばかりいられないのである。

総合雑誌の編集部など、せいぜい十人以内の小人数である。社旗を立てた自動車が盛大にあるわけでないから、タクシーを使ったり、電車にのって、せっせと原稿集めをしているわけである。したがって、編集長といっても、いわば、中小企業の番頭みたいなところである。なにからなにまで、自分でしなければならない。あれもこれもと七つ道具を背負った弁慶が編集長である。背負っただけの道具の使い方は知っていなければならない。ずいぶん重いから、齢をとるとなかなかできない。すべての編集長がこの七つ道具を全部うまく使っているとは思えない。いままで書いたことは一つの空想編集長の姿である。若さだけがこれに耐えられるのである。

かつて或る有名な文化人が、日本の総合雑誌の編集長は年が若いから、時流に秀でた雑誌が出来ないのである、といったことがある。この言葉は或る意味では、あるべき姿としては的を射ているが、じっさいの弁慶にとってはずいぶん辛い批評である。相当な年齢に達するまでに弁慶は背中の荷物の重さでへたばっているか、時代の激しい矢ぶすまに射すくめられて、立ったまま往生をとげているのが、戦前、戦中、戦後を通じてわたくしが無数に見た編集長の姿と運命である。

なにもこんなに一人の人間がナニからナニまでしなくてもよいではないか、アメリカの雑誌のように分業で、それぞれのエキスパートが能率的に、有機的に働けば、雑誌はもっとよくなるのではないかという声がある。出来ることなら、そうなることが理想かもしれぬが、しかし日本の出版社のような貧寒な経済的基盤に立っているものが、アメリカの大雑誌のように、何百人という編集員と調査員の専門家を擁してやれるわけがない。だからますます日本の雑誌は栄養が足りなくて、貧弱になるなどといわれるのかもしれないが、しかし負け惜しみかもしれぬが、少数精鋭による手工業のよさは、捨てがたいものだ。編集者が一種の名人芸を発揮して、キメの細かい、頁の隅々まで神経の行き届いた雑誌を作るよろこびは、マスプロでは味わえないところがある。日本の読者はひじょうに敏感で、かつ、注文が多い。これに対して忠実に応えてゆくには、やはりマスプロ編集では大味で、網の目から漏れることが多い。手工業であっても緻密な編集をして行かなければならない。その点では、わたくしたちの先輩の時代から日本の雑誌は、相当のモノだと思う。

いずれにせよ、かえりみて二十五年間、喫茶店のオヤジのようなことをして来たような気がする。日本の総合雑誌はいわば、喫茶「パンセ」である。店を毎朝せっせと掃除をして、うまいコーヒーを入れて執筆者を待っていると、つぎつぎと入ってくる。「新思想」といい、また「イデオロギー」と自称するお客である。実にさまざまなお客がハイカラな扮装をこらして入ってくる。

わたくしは店のマスターだから、どのお客にもなるべく公平に、愛想よく応対したつもりである。どうかなるべくゆっくりしていただきたいと心をこめるが、どうしたものか、落ちつきがわるく、すぐ店を出て行ってしまう。一人くらいゆっくりカンバンまでねばってもらいたいが、ハイさようならである。ひどいのになると、代金を払わぬ奴もある。

喫茶店なんかのつもりだからダメなんだよといわれるかもしれぬが、われわれも先輩たちも一生懸命サービスしたつもりである。

実にいろいろの客が入って来ては、また出て行った。悲哀である。こっちの心がけもわるいのだろう。日本の総合雑誌と思想の関係の悲しさである。そのことについての二十五年も、これから読者と共に考えてゆきたい。

「駈けだし」以前

編集の古豪

先日、菊池寛賞の銓衡委員会で、久しぶりに、主婦の友の石川武美氏にお目にかかった。私は石川さんのファンである。この大先輩に対して、ファンなどという言葉ははなはだ軽薄であるが、傾倒と親愛の情を外に適当に現わす言葉を知らないので許していただきたい。ところでこのファンはたいへんテレ性なので、いつもあらたまった挨拶が出来ないのである。時々お訪ねして、雑誌のことについて、いろいろとお話を伺いたく思っていても、つい御無沙汰をしてしまって、お目にかかるのは、いつも年一回の菊池賞委員会の席上である。石川さんは、いつみても松の根ッ子のようにゴツゴツしていて、頼もしい。

思うに戦後の出版界ははげしく動いたが、何よりも人間の面での変化が一番大きいようにみえる。岩波書店の岩波茂雄氏、改造社の山本実彦氏、中央公論社の嶋中雄作氏、そして文藝春秋社の菊池寛氏と、相ついで世を去っている。戦争中の無理もあったし、戦後の変転からくる衝撃も強かったことであろう。また年齢的にも、ちょうど世代の更替ということになるのであろうか。いずれにしても、一業を興し、出版という世界に巨《おお》きな足跡を残した人々が、一人二人と消えてゆく後姿を見ることは、淋しいことであった。この人たちのいろいろの想い出ばなしを、残しておいたら、どんなにか意味があることであろう。聞き書という形ででも残しておいたら、われら後進はどのくらい倖せかわからないのである。

わたくしには一種の史癖がある。田口鼎軒博士に云わすれば「史癖は佳癖」ということだが、日本の出版や雑誌の歴史を、後世たれかが書くとすれば、これらの先人たちの忠実な記録がどれほど貴重か、はかり知るべからざるものがあると思い、心の一隅では、いつも機会があったら、お話をうかがって、記録に止めておきたいと思っていた。

ことに心残りなのは、嶋中雄作氏であった。この人は、出版企業家であると共に、何よりも雑誌編集者であった。わたくしのこころに最も近かるべき人なのである。

敗戦後のある時――それは、業界のある会合が果てての廊下においてであった。わたくしは、嶋中さんをはじめて見た。顔色の悪いのが目立った。

わたくしは進んで、

「文藝春秋の池島です」

と挨拶をすると、嶋中さんは急に笑顔になって、

「池島君は君ですか。なかなか、やってるじゃないですか」

と、いかにも親身なものの言い方であった。どうしたものか、それ以上のお話をした覚えがない。会合が終っての、あわただしさの中でお訣《わか》れした。それが最後であった。嶋中さんは病軀をおして、社の再建に最後の力をふりしぼっていた時であろう。わたくしも、また文藝春秋新社が苦しい最中であった。

「君には少し話があるんだよ」といった表情を、わたくしは瞬間感じたし、わたくしもまた「以前からお伺いしたいことがあるのです」と、言葉に発する気持でいたのである。あの時なぜ進んで、お近づきを願っておかなかったかとの悔恨の念は、いまに及んで切なるものがある。

わたくしはその頃よく冗談にいったことがある。

「明治十年を前後にして、明治の功臣は相ついで歿している。まず三条実美が病死し、西郷さんが十年の役で陣歿し、翌年大久保利通は暗殺されている。明治史がこの年をもって大きく転回するように、戦後の二十五年前後は、現代日本の出版界でも相ついで巨星墜ちて、時代は大きく変った。」

しかし、墜ちない巨星もあったわけである。話題はだいぶ脱線をしたが、石川武美氏こそは戦前戦後をよく戦いぬいた生き残りの古豪なのである。

今回の菊池賞で石川さんは受賞されたが、その理由の一は、「婦人生活雑誌の型を創造し、これを発展させた」とあるが、日本のいわゆる婦人雑誌のタイプをつくったのは、実に『主婦の友』である。人がつくった雑誌をまねて、よい雑誌をつくるのは、犠牲も少いし、比較的容易であるが、新しい型の雑誌を案出して、これを発達させることは、至難に属する。現代のこの種の雑誌の功罪を論ずるのはやさしいが、実際にこれを産み出して、立派なものに育てあげた石川さんの功績は大きい。しかも、これは石川さんのような信念の人でなくては、出来ることではないのである。

石川さんの受賞の第二の理由は「最近の婦人生活雑誌の大型化に先鞭をつけた」ということにある。

『主婦の友』を大型にする必要を感じた石川さんは、数年前から黙々と案を練ったのである。思いつきではじめたことではない。夥しい別冊附録を整理するためにも、また雑誌の視覚的要素を重くみるためにも、七十余歳の石川さんは、編集者として、一大決心をしたのである。

当時、この企ては、業界から多大の疑問をもたれていた。『主婦の友』の前途に対し、わたくしなどの耳にも不吉な囁きが、いく度か伝えられた。

その頃、石川さんは、主婦の友の社長応接間でわたくしに向って、じゅんじゅんと語ったのを、よく覚えている。

「附録を整理しなければならぬ。雑誌の定価も安くしなければいけません。——大型にするしか道はないのです。いまの出版界の状態で、『主婦の友』を大型にするということは、譬えれば、芝浦沖で、四万トンの戦艦の方向転換をするようなものです。ヘタに動かせば、浅瀬に坐礁ですよ。しかし、艦の方向を変えなければならない。やりますよ。失敗すれば、私がハダカになればよいのです。……」

雑誌へのアプローチ

別に雑誌記者になるなんて、夢にも思ったことはないが、少年時代から、わたくしは雑誌が好きであった。

小学校の時、友人が月ぎめで雑誌をとっているのがうらやましく、母にたのんだところ買うのを許された。うれしかった。最初に買ったのは、実業之日本社から出ている『日本少年』だったと思う。

編集者の有本芳水、中島薄紅などという名はなつかしい。有本氏はいまも岡山に在って御健在らしい。

雑誌の出る日は朝からソワソワして、金をにぎって、書店の前を行ったり来たりした。小僧さんもそのうちに、笑い出す。やっと手に入れた、インクの匂いのプンとするのをかかえて、急いで自分の部屋へもって行って、よみふける愉しさといったらなかった。

『日本少年』の外に、『飛行少年』も買った。樺島勝一氏の挿絵が、すばらしかった。家では父が『太陽』と『文藝倶楽部』を毎月とっていた。博文館の全盛時代である。

小学校の五年から六年になる時に、腎臓を病んで一カ年休学したが、床の中で雑誌をむやみに集めて乱読した。時事新報から出ている『少年』。またその頃から、講談社の『少年倶楽部』が出たように思う。ポケット型の『譚海』そのほか手あたり次第に買いこんだ。新本ばかりでは足りなかったので、バック・ナンバーを古本屋から買いあさり、枕もとに山と積んでよろこんだものである。病気の方は、東大病院へ半年も入院したが、慢性化して、サジを投げられたのである。

「お医者さんは、とても治らぬというし、それなら好きな雑誌を、好きなだけ読ませてやろうと思ったのが、親の慈悲というものだよ」とは、後に聞いた母の述懐であった。どうした加減か病気の方は、退院と共にいつか忘れてしまって、中学の入学試験も受かった。中学のグラウンドで呑気に蹴球などやっているうちに、関東の大震災である。本郷春木町にあった家は、グラリときたその日の午後焼けてしまった。その日の夕方、家の焼けあとに立って、感無量だったが、自分の部屋があったとおぼしき所で、山とつんだ雑誌が焼けて、白い灰がうず高くなっているのを見て、何か惜しいような、サッパリしたような気がした。何百冊という雑誌と共に、自分の少年時代が永久に去って行ったという感じであった。

雑誌記者をやっている今日でも、あれほど沢山の雑誌は家に置いてない。自分で手にかけた雑誌くらい残しておこうとは思っているが、いつの間にか四散している。雑誌に対する純粋な愛情というものが、もう薄れているからであろうか。雑誌をだきしめるような気持は、どうやら商業ジャーナリストからは消えて行き、読者の方に移ってゆくものらしい。いずれにせよ、少年時代の自分の心に火をかき立ててくれた有名無名な編集者、筆者、挿絵家——そのずいぶん多くの人は現存しているが——に、感謝したい。

『文藝春秋』の名をはじめて聞いたのは、その頃である。中学三年の兄が、ある日、薄っぺらな雑誌をもってきて、

「これが今度、菊池寛がはじめた『文藝春秋』だ。名前が新しいじゃないか。値段も安いし、なかなか面白いから、お前もひとつ読んでみないか」

と、すすめた。

わたくしはすぐ手にとったが、表紙も単色でページもうすい。見ばえのしない雑誌だなアというのが第一印象である。色刷りで美しい少年雑誌を見なれた眼には、何か物足りなかった。『文藝春秋』はこうして数年間は、わたくしの精神の圏外に飛び去って行ったのである。

少年雑誌を卒業してみると、あとはなかなかなかった。『中学生』という研究社から出た雑誌をしばらく読んだ。それから都会の中学生らしく『新青年』にとびついて、そ

の魅力に溺れた。とにかくすばらしい雑誌だった。新鋭の気にあふれ、しかも気が利いて、シックだった。特に一ページ、二ページ物に面白いものが多かった。この小さな記事が粒よりであるということは、すべて優れた雑誌の一つの大きな特徴である。相ついで登場する江戸川乱歩氏はじめ獅子文六氏と、息もつがせない。地下鉄サムとクラドック探偵は、われわれの好朋友であった。授業中でも、『新青年』の増刊（探偵小説集）が発売されると、机から机と、秘密に回読された。

「こんな雑誌をつくったら、さぞ面白いだろうな」

と思ったことがあるから、水谷準氏はわたくしの商売の大先達である。この頃では時々ゴルフ場でお目にかかるが、実に若々しく快活な人である。若い時に、あんな素晴しい雑誌をつくり、中年から好きな探偵小説を書き、晩年（これは叱られるかな）には、文壇随一のゴルフ・プレイアーとして、豪快なショットを楽しんでいる……その遙かに遠く飛ぶ彼の白い球を目で追いながら、わたくしは、何て幸福な人だろう、水谷さんは……と、何度か思ったことである。

最近、『週刊朝日』の別冊で、水谷さんは、『新青年』時代の編集楽屋咄を連載しているが、とても愉しい読物である。また文藝春秋新社の書庫には『新青年』のバック・ナンバーが全部揃ってある。古本屋に探させて、購入したのでもあるが、時々暇のとき、そのうちの何冊かを繙いてみるが、その新鮮さには眼を瞠るものがある。そして、いつも一つ二つの編集企画のヒントを得ている。（いつまでもお世話になっています!!）

どこで聞いたのかしらぬが、歴史家の松島栄一氏がある時、「お宅の社に、昔の『新青年』が全部揃えてあるそうですが、いつか一度見せて下さい」と云っていたが、ここにも同好の士ありと見て、わたくしは心はなはだ愉しかったものである。

西洋史学徒として

それから平凡な高校生活と大学生活がつづく。

大学一年の時、ひとりで日光へ遊びに行ったところ、中禅寺湖畔で犬養首相暗殺の報を聞いた。五・一五事件である。「これは大変なことがはじまったぞ」と思ったが、どれほどの強いショックであったであろうか。嵐の時代の前兆であるが、中産階級に育って、何となくボンヤリであったわたくしには、それほどには映らなかったというのが事実に近い。

それでも左翼思想の勃興期であったから、時代の流れにも青年らしい反応を示して、いくらか「進歩的」であったと思う。しかし、当時、学内を沸き立たせていた「実際運動」にはタッチしなかった。

学校ストが続出した時代で、わたくしたちの出身高校でも騒ぎがもち上がった。先輩である大学生たちが、これを応援することになり、いく度か会合がもたれた。学校側の処分第一主義に不満なので、わたくしはかなり熱心に参加したのであった。ところがふとしたことで、この応援組織には、外に秘密の中心があって、そこからの指令で実はわれわれが動かされているのを知って、わたくしはハッキリ手を引いた。自分とは何の関係もないところから、踊らされることだけは、ガマンが出来なかった。

「お前は、プチ・ブルだよ」

と、友人の一人は冷笑したが、(なにをいってやがるんだい)と肚の中で思った。

後年、満洲や大陸へわたくしは特派員などで出かけて行ったが、そこで往年の急進派のマルキシスト諸君にたくさん出っくわした。特務機関員や協和会に入っていて、肩で風を切っているのを見て、少々おかしくなったのを覚えている。

どうも、わたくしには、日本のマルキシズムというものは、思想のような気がしない。思想であったら、一本通っていなければ困るのである。どうしてこうも容易に「思想」が変るのであろう。マルキシストが戦争になると「八紘一宇」になり、戦後は今度は民主主義者や平和主義者になっている実例を、いやになるほど商売がら見せつけられた。

思うに、これは人間の思想というより、「気質」の問題ではなかろうか。天下の乱を好み、いつも民衆を引きずっていなくては承知できない「気質」があるようである。

われわれがもう少し賢明になって、この鑑別を学ばないと、本モノの「思想」が確実に根を下ろして、正しく発展しないというのが一プチ・ブルの意見なのである。

大学では歴史を勉強しようという希望は早くからあった。国史に興味があったが、周知のように、自由な研究へのタブーが多かったので、西洋史を専攻することにした。結果としては、この方が役に立ったような気がする。

ジャーナリストになるなどとは、意識のどこにもなかった。よい「歴史家」になろうとばかり思いつめていた。今井登志喜教授をはじめ先生方も揃っていたし、学友にも恵まれていた。なにも苦労があるでなし、勉強だけしていればよかったのだから、ありがたい時期であった。

本郷の三年間は、はじめの一年で、専門の研究テーマをじっくり選び、あと二年で全力をあげて一つの問題を揺すぶる。特別に優れたアタマでなくても、大学生活の総決算くらいな仕事は出来上がる。わたくしもはじめは派手なテーマに眼がくらんで、ルネサンスをやるつもりで大分、本を読んだ。いわゆる文化史というハイカラなヤツである。ブルックハルトの著書にもとりかかったし、少々古い本だったが、フォイクトの『古典古代の甦り』も興味をもってカジった。そしてマキャヴェルリの『君主論』について、小さな論文を、仲間の雑誌に書いたのもその頃である。そのうちに、考えが変ってきた。いくら向うの学者の本を読んだって、せいぜい出来上がるのはもっともらしい紹介的論文である。せっかくやるなら、もっと基礎的の仕事をしなくては意味ないと思った。歴史学なら、本物の史料に直接ぶつかって、それを正しく読み下して、自分なりの結論を出さなくては、論文とはいえないじゃないかと気がついた。

たっぷり二年かかって、百枚ばかりの、十一世紀のイギリスの土地制度に関するものをまとめた。いま考えても冷汗ものであるが、出来上がった時は、うれしかった。昭和八年三月のことである。これから教師になっても、研究は地味なもの、講義は面白く派手にやってやろうと思った。

卒業の送別会は大阪ビルのレインボー・グリルで開かれた。二十八名の卒業予定のところ、その時に就職の決まった者は僅か一人であった。

最近、ナポレオン研究のよい本を出した、井上幸治君（神戸大教授）が、立ち上がって、マルセイエーズを余興に歌ったりしたが、あまり一座は気勢があがらなかった。「卒業即失業」で、二十五年前のはなしだが、現代によく似ている。

その時、友人の一人が、

「文藝春秋はこのビルの上にあるんだぜ」

と、わたくしに教えてくれたが、そうかなァと思っただけである。それから二カ月して、自分が受験者として、同じくレインボー・グリルの一室で面接試験を受ける運命が待ちかまえているなどとは思ってもみなかった。

職がないなら大学院入りさと思って観念していた。しかし小遣いくらい欲しいと思って、人なみに就職運動はやった。神田にある正則中学である。紹介状をもって、何度も校長に会いに行ったが、いつも不在である。十二、三回くらい通った。根くらべの積りだった。最後に校長さんが出てきて、わたくしの履歴書をジロリと見て、

「帝大の文科かね。うちでは帝大出のようなえらい先生は要らないんでね……」

と、アッサリ断られた。

あんまり率直なので、かえって気持がカラリとした。

みんな心配はしているが、どこか呑気なところがあった。同級の中屋健一（現東大助教授）は、就職なんて、もうアキラめたよといって、山へばかり行っていたし、江口朴郎（現東大教授）は外務省の雇員になって、何か調査のようなことをやらされていた。

ところでいつも就職シーズンになると、想い出す挿話が一つある。美談（?）なのでいささか恐縮である。

その頃、関西のある高校に歴史の教授の口があいて、われわれより二年後に卒業した高橋幸八郎（現東大教授）のところに白羽の矢が立った。当時、高校の先生というのは、初任給が百円を越え、最高の就職口である。そのうちに文部省留学生で外国へも行ける、めったにない就職口なのである。高橋幸八郎は当時、上野にある私立中学の夜間部の講師で、貧乏していた時である。ところが、彼は、自分が困ってるくせに、

「それは江口さんがよい。彼を外務省のようなところで、つまらない雑役をさせておく

べきではない。江口先輩が最適任である」

というので、遠慮する江口朴郎をむりやりに赴任させたのである。「朴さん」は、当時もいまも、文字通り君子朴々たる好学徒であった。

この話をある酒席でしてくれたのは、今は亡き今井教授である。

「高橋はどうしても江口がいいといって譲らないんだ。おい、高橋のヤツ、すこし生意気だったぞ」

と、酒盃をおいて、先生はニコニコしていた。そのうちに酔いが深まると、

「一つの就職口を何人もで取りっこをする時代に、高橋って奴はイイ男だな。なア、池島……大学の教師なんて、つまらん商売だが、弟子にこういうヤツが出てくると、うれしくなってくるよ」

と、しみじみとしてきた。およそ、教訓とか述懐することを心から恥じていた先生にしては、めったにないことであったし、聞いているわたくしも感銘した。

高橋幸八郎という男は、むつかしくて読めない大論文を書くので、わたくしたちの間で有名だが、かかる殊勝の心がけの人物である。戦争中、京城帝大の先生をしていたが、ひとりで研究室に住んでいて、いつ訪ねてみても、フランス革命の本とロシア語ばかり勉強していた。ふだんはこれほど折目正しい男はいないが、酔うと柔道がつよくなる悪癖があり、誰とでも力技を試みるのである。後年、わたくしがパリに着いたその晩おそ

く、酔余、モンマルトルのピギャール街上で、彼の技にかかって、見事に舗道にひっくり返されたことがある。その意趣ばらしに、かくは彼のもっともイヤがる昔話を披露した次第である。

男のうらみは、コワイものと知るべし。

商売はじめの頃

歴史の教師になるつもりだった自分が、なぜジャーナリストになってしまったか、本当のところは分らない。菊池寛とは、どんな男かちょっと見てみたいという好奇心から、文藝春秋の入社試験を受けて、幸運(?)にも入社してしまったからである。単なる偶然にすぎないが、世の中のことなど、おおむねこういったものかもしれぬ。

合格と聞いて心からうれしく思ったのは、試験が公平だったからである。何のコネもない、しかも瘦せて十二貫足らずの見ばえのしない私の、いささかの才能を、答案の上からだけで買ってくれたことに対する感激である。こちらは、どこか人間が単純に出来ていたのであろうか。

それにつけて淋しく思うのは、いつの時代でも若い人が、自分にはこれしか才能がない、この生き方しか生きる道はないと思いつめていることである。お前の考えは楽天的だよと云われるかしらぬが、やってみれば、人間さまざまな生き方があるではないか。若さということは、可能性の時代である。自分では思いもかけない方面に、自分の力が伸びることがあるのである。あまり偉そうなことはいえないが、いまでは漠然とそんなことを感じ、また職を求める若い人の悩みにも、そんなことを答えている自分である。

かつて気勢のあがらなかった卒業送別会があったレインボー・グリルのパーラーで、いまは背広を着こんだジャーナリストの卵である自分が、コーヒーを飲んでいる。不思議な気がした。

眼の前には、横光利一氏が静かにタバコをくゆらして何かじっと考え込んでいる。客を二、三人前にして久米正雄氏が賑やかな雰囲気をそこに撒きちらしている。文学青年ですらなかったわたくしには、何から何まで珍しかった。そして一種の解放感を感じた。あの二年間悪戦苦闘した古代英語のバケモノのような文法や文体の呪縛から、徐々に自分が解き放たれてゆくではないか……。

幽鬼のように痩せて不気味だった直木三十五氏もそこにはいた。

「君かい。清二から中学で習ったことのあるのは」

といって、わたくしの方に近づいて来た。弟の植村清二氏に中学時代、東洋史を習ったことがあるのを、誰かに聞いたのであろう。

「御馳走しよう」

と、カツ・サンドを注文してくれたが、これはおいしかった。豚カツをサンドイッチにしたもので、こんな旨いものがこの世にあるのかと思った。直木さんは口数の極端に少い人であったが、この日はひどくやさしかった。いまでも、カツ・サンドを食べる度に、その日の直木さんをなつかしく想い出す。

当時のレインボー・グリルは、文藝春秋社の一種の応接間だった。そこでわれわれはお喋りをし、仕事の上での人にも会った。

いま想い出しても愉快なのは、当時の中央公論の佐藤観次郎氏（現社会党代議士）が毎日、毎日文藝春秋社へ出勤してくることであった。佐藤さんは、いつも社長室で菊池さんと将棋をさし、にぎやかに笑っているので、わたしは、はじめは社の偉い人かと思っていた。ところが実は中央公論の編集長なのである。

「おーい、今度入社した新人はみな集まれ。お茶を御馳走するよ」

というわけで、レインボー・グリルへ下りて行って、御馳走になった。執務時間中も何もあったものでない。なにしろ、菊池社長からして、ピンポンをやりたくなると、仕事中の社員を呼び出して、遊ぶという途方もない会社であるから……。（これをしも株式会社・文藝春秋社と呼ぶべきであろうか。）

佐藤さんは、「おい、みんな大学の秀才だそうじゃないか、菊池さんがほめていたぞ」とまずオダてておいて、それから、雑誌記者たるものの心がまえを、滔々と教えさとしたのである。

大体、ジャーナリストたるものの心がけなど、入社して誰も教えてくれない。仕事は「先輩のやるのを見て、勝手に自分で覚えてゆけ」というやり方なので、佐藤さんの話は、大いに参考になった。それにしても、競争相手の社の人から、最初に新人教育を受けるとは、実に妙なものである。佐藤さんにしても、毎日、文藝春秋社に出てきているのだから、自分の乾分《こぶん》が入社してきたような気持になったのだろう。思えば長閑《のどか》な時代であった。

わたくしたち新入社員六名が最初に配属されたのは『話』編集部であった。『話』というのはその頃創刊された雑誌で、表紙にタバコが一本描いてある一風変った雑誌である（このタバコは専売局の広告で、表紙から広告料をとるとは文藝春秋社の商魂は当時から逞《たくま》しい）。『話』は談話記事を主とした雑誌だから、話をきいた記者が文章を書き、名士の名前で発表するのだから、原稿料が安くてすむ。話をした名士にはお菓子の折一つでもお礼に届けておけばよいのだから、コストは安い。実にうまいことを菊池さんは考えたものである。

記者の方は、なるべく話題の多い名士を追いかけて、その談話を書いて、四百字詰原稿一枚三十銭の原稿料を社からもらうわけである。わたくしたちは、かけ出し時代で、ただウロウロしただけだが、腕利きの連中には一人で三百枚も一カ月に書くという豪傑が現われた。これでは月給よりも多くなる。原稿料は安くついても、隅から隅まで記者が書いた雑誌は、文章の変化も乏しく、記事の色彩も単調になってくる。この弊害は早く現われて、やがて、普通の雑誌のように、原稿料を払って筆者に書いてもらうようになったが、当時のわたくしたちは、ただ申しつけられた通りに、夢中で人に会い、話を聞き、夢中で書きつづけた。いまにして思えば、いい習練をしたと思っている。

わたくしが、社へ入って、『話』編集部で最初に名士にお目にかかって、談話筆記したのは、当時の東京市長、牛塚虎太郎氏であった。御長男と学校友達なので、気易く会って下さった。麹町の東郷元帥の邸の近くの私宅へ訪問したところ、新聞記者なみに扱って、いろいろと忠言を与えられた。

「新聞記者にはロクな者はおらんが、原敬さんつきの某記者は、人格が大変立派で、原さんの信頼を心から得ていた……」

といって、その記者のことをいろいろほめるのである。古い役人出身の方だから、ジャーナリストなど、ロクな者はいないと思っていたのであろう。親切からの御注意であったと思うが、聞いていて、わたくしは何か悲しく、また淋しくなってきた。（まだジャーナリストは、このくらいにしか評価されていないのだろうか。）

牛塚市長の話は、「大人物だと思った話」という題で、伊藤博文が、明治天皇を古今の名君にしたいと願い、常に宋の『名臣言行録』を愛読していたという話であった。

原稿にしたら、十二枚くらいのものであるが、その終りの部分を次に御紹介する。甚だ赤面ものであるが、いわば、わたくしの商売はじめの処女作品だから、敢て心臓を強くさせていただく。

「……翻って、近来の政治家と称する人が、果して如何《いか》なる書を愛読しているか、自分は尋ねたことも、聞いたこともない。只どうかすると、新聞雑誌に某政治家は講談本が好きである、国定忠治を愛読しているとか、大前田英五郎を耽読しているとか聞いたことがある。

その時に自分は、昔、宋の名臣言行録を愛読した政治家と、近時講談本を愛好する政治家との間にいかなる相違があるものかと、近時の世相と併せ考えて深く戒心した事であった。

この相違が政治家の崇高なる目的、粛然たる気品の相違となって表れてくるのでなかろうか。義侠に鳴る侠客の事を描いた講談本は、成程《なるほど》ある人々にとっては面白いかもしれぬ。しかし何といっても、これらの輩は天下の大法を破り、人を殺《あや》め、財を奪って、私恩を一部分の人に分っているに過ぎない。

身を以て君国の為に奉仕せんとの意気に燃える大政治家とは、誰が見ても天地霄壌の差がある。単に愛読書の一点から見ただけでも、なるほど伊藤公は大人物であったとの感を、日に新たにしている次第である。」

大時代の文章で、何とも恐縮である。これを読んで、牛塚さんがどんな想いをされたか、省みてまことに申しわけない。

牛塚さんは、その後御元気で、郷里富山で悠々自適の生活を送っていられると聞く。御加餐を祈る次第である。

これは二十五年前の拙文だが、テレビで浪花節を所管大臣が堂々と口演し、それが相当に世の中でウケている時代である。政治家はだんだん教養が低下してゆくようである。「文化日本」などという言葉を、あわてて信用する気にはならぬものである。

編集一等兵の頃

われは社会部記者

　わたくしは、『話』の編集部に大体六年いた。ずいぶん長かった。その間に、『オール読物』に六カ月ほどいたことがあるが、大体はカケ出し時代の大部分を『話』の記者でいたわけである。文藝春秋社に入ったのだから、文藝春秋の編集部に廻してもらいたかったが、『話』の方が適任とみられたのか、六年間も置いておかれた。社内人事のことというと眼の色をかえる人が多いが、わたくしはそれほど気にならぬ方である。命ぜられた仕事に関してはあまり文句はいわない方である。

　戦争中、満洲国の新京にできた、満洲文藝春秋社へ赴任しろといわれて、即座に引きうけて、家へかえって家内に話をしたところ、

「こちらの都合も少しは考えて下さい」

といわれて「それもそうだ」と一本参ったことがある。それでも二週間ばかりで家中をタタんで、子供たちをつれて、郷里へ帰っていった。わたくしは単身で、そのまま新

京へ赴任したことがある。

社の命令なら、すぐその足で汽車でも飛行機でもどこへでも飛んでゆく、といったクセが、習い性になったのだろう。こっちは仕事で面白くてたまらないのだが、時々、亭主の頭の中から忽然と消える家庭こそ、いい面の皮である。

『話』の編集は、新聞でいってみれば、社会部のようなものである（当時の『文藝春秋』は固いから、政治経済部。また『オール読物』は小説中心だから、学芸部といったところであろう）。三面記事のような市井のトピックを求めて、足とペンでとびまわったものである。

社会部であるから、硬派の記事でも軟かく扱わねばならぬ。「わかり易く、そして面白く」というので、どんな問題やトピックもこの線でコナしてしまった。これが戦後、『文藝春秋』の編集をやるのに、役に立ったようである。『話』という雑誌は少からずガラがわるかったが、いま読んでみても、捨てがたい記事が多い。総合雑誌がコチコチになって威容を誇っている時、『話』は実に柔軟で身軽な編集をしたように思う。戦後の『文藝春秋』のやり方と、どこか共通点があることを認めていただけたら、ありがたい。

どんな技術でも、若い時に身につけたものは、なかなか抜けるものでない。編集でも同じことである。『話』のクセがいつでも、ついて廻る。その眼でみるから、固くるしい総合雑誌などおかしくて仕方がない。なんと無愛想な雑誌だと思う。自分の社の雑誌ながら、当時の『文藝春秋』が総合雑誌に見てもらうため、『改造』や『中央公論』のマネを少からずしているのを見て、歯がゆく思ったものである。こちらは少々軽薄だったが、むこうさんも少し野暮くさかった。

駈け出し時代だから、ほかの雑誌の手伝いもさせられた。『文藝春秋』の出張校正にかり出されて、校正をしたが、むつかしい巻頭論文には閉口した。「筆者は東大教授法学博士」なんていうと、ありがたがって巻頭論文にまつり上げているが、こっちは読んでみてもわからない。この人は一体、何をいおうとしているのか、実に漠然としていて、理解できない。校正をするのだから、それこそ一字一句、精読しているのである。それでいてわからない。

自分ながらたいして頭脳明断とはいわぬが、一通りの理解力をもっているつもりだ。その人間がよんでわからないものを、誰がわかるというのだろう。読者だってわれわれとそんなに違った頭とは思われない。一体、どうしてこういうバカバカしいことが、大手をふって行われているのであろうというのが、その時、キモに銘じたことである。オレが編集長になったら、これだけはやりたくないと思ったのは、本当である。

しかし、その時は現実には、わたくしは、編集一等兵である。編集会議できまったことを、黙々とやっていればよいのである。

談話筆記記者としては、面白いこともあったが侘しいこともあった。文藝春秋社の名刺をもってゆくのだから、誰とでも会えるという意味では気が楽であった。なかなか会えないような偉い人(?)でも会って貰えるこの名刺一枚が、どんなに強力なものかと自分で驚くようなこともしばしばあった。

ところがこの「名刺一枚」でわれわれはよく勘違いするのである。名刺の中の社名が有力なのであって、われわれの名前が有力なのではない。こういう名刺をしばしば扱っているうちに、いつの間にか自分の名前で忙しい人が会ってくれるような錯覚を起すのである。いくら自分で警戒しても人間の弱点が自分を甘やかす。怖ろしいことである。

ある時、私は編集長から小池礼二さんの談話筆記をとれと命じられた。小池さんは当時慶応の学生でオリンピックに備えて有望な水泳選手であった。この人の話を聴くというのは一つの編集企画であるが、よく考えてみれば平凡な大学生であり、一スポーツマンの彼に格別の話題があるはずのものではない。今から思えば少々生意気だが「ナンとつまらない仕事をしなければならぬのだろう、雑誌記者というものは」と、心中かなりクサっていた。

ところがプールへ行ってみたとたんに、そこでは若い選手たちが元気に飛沫をあげて泳いでいた。そのなかに多分、小池さんもいたのである。この若々しい気持のいい景色をスタンドで眺めながら、私はいつの間にか仕事のことは忘れ、みるみるうちに心中爽快になってきたのをいまでも憶えている。目的の仕事なんかどうでもいいやと思うほど、そのプールのなかは活気に溢れていた。

　人を訪ねる仕事というのはなかなか面倒である。所番地がわかっていても、実際に家を訪ねるのはずいぶんむずかしい。日本の番地が複雑でわかりにくいことは世界的にも有名だが、とにかく与えられた紙きれに記された住所を目当てに探し歩く。靴の底はすぐにへってゆく。夏は暑いし、冬は寒い。そのうちに熟練していって、いつの間にか必ず住所を訪ね当てることができるようになった。保険の勧誘員とおなじである。いままでも私は初めての住所を探すことに絶対の自信がある。

　また住所を探り当てても、いざ、はじめての人の玄関を入る時というものは実にいやなものである。なんとなく気おくれして、「オレはこんなに心臓が弱いのか」と思うくらいである。これなども性分で、初めからナンとなくよその玄関を入れる人と、入れない人があるらしい。私なぞは図々しいようにいわれているが、どうも後者のほうで、いままでも何ほどかの心のためらいを感じないで、はじめての人の門を潜ったことはない。

蔣介石の色模様

　昭和十二年一月発行の『話』に「満洲国第一の富豪令嬢と結婚する、芥川賞候補の新進作家」という長い見出しの記事が載っている。これを書いたのがわたくしで、この新進作家が檀一雄君である。

当時、檀君は二十六歳で、満洲国きっての大金持といわれる熱河省新立邨、王介芳氏の長女雲清さんのお婿さんになるという話である。持参金は三十万円という触れ込みである。いまなら何億という金である。王氏の抱いていた条件は二つで、候補者はまず帝大出身であること、第二は身許のしっかりした男であるということである。話がどうして生まれたのかわからないが、檀君は奉天で、ある有名な馬賊あがりの偉丈夫にこの縁談をすすめられた。彼は檀君に「自分は王家もよく知っているし、この話を進めよう。君は女学校へ行って、娘の成績と人物を調べるんだナ」といった。

檀君は勇躍して、城外の女学校を訪れ、調査したという。ところが王雲清嬢といっただけでは雲を摑むような話であったが、とうとう確かに新立邨の王家の令嬢が在学していた学校をみつけた。事変後しばらくして親許へ帰ったが、彼女の在学中の成績は三分の一以上で、性質も素直な可愛いらしい娘さんだったという。いずれにしても、檀青年の眼の前に三十万円の持参金附きのお嬢さんのお婿さんになる幸運がブラ下がっているというのが話の大筋であった。

バカにうまい話で、こんなことがあるかと思ったが、このはなしを聞いた編集長が乗り気になった。私はすぐ檀君を探しにかかった。彼は当時、本郷東大前の栄楽館という下宿にいた。この下宿は高等下宿で、なかなか大学生風情では泊れない家なのだが、彼はここに悠然としていた。

私はさっそく今までの話をして、「三十万円のお嫁さんの話、ほんとうですか」というと、彼はケロリとして「ウソなんかいわんですよ」とすこぶる真面目である。「何か条件はあるんですか」と訊くと、「それはありますね。結婚するとしても半年は新立邨、あとの半年は東京で暮らすというんです。もしそれで向うが承知しなかったら、東京のかわりに半年は北京で暮らしてもいいですね」という返事である。

「娘さんが綺麗だそうですが、政略結婚では可哀そうですね」というと、

「いや、僕は本当に彼女が目の前に現われれば、トタンに恋愛するかもしれませんよ。成吉思汗《ジンギスカン》みたいな子供が生まれたら愉快だな」と、どこまでが本当かわからない、いつもの檀君である。

「三十万円は本当ですか」

「本当ですよ。仕度金として現金三十万円です。それ以上は貰いません。なにしろ全満切っての豪家ですからね」

「どのくらい金があるんです」

「それがね、九千万円ぐらいだろうという観測です。現金は相当なもんです。主に金貸しをやっているそうですからね」

「三十万円は何に使いますか」

「秘密ですよ。ジャンクを借りて、人絹と砂糖の大密輸入をやる計画です」

「そんな大金が入ったら、小説ナンか、バカバカしくて書けないでしょう」

「いや、年に一回ぐらい書くな。それから日本浪漫派賞というのを創ります。芥川賞の向うを張りますよ。確実にこの縁談がきまるのは来年の春です。見合いになれば話は九分通り成立したことになります。その間に僕は二つばかり小説を書いて、正月までに、もう一度満洲へ行ってきます」

と彼は浩然として答えた。そしてなお、

「この話が成立すれば、お土産に滝井孝作氏には喇嘛《ラマ》の歓喜天の像、また川端康成氏には狼の仔を持って帰る」

と語った。

ずいぶんふざけた話だが、以上は私が忠実に書いた記事の大要である。

ところが、この話は檀君一流の空談であって、一杯呑んだ檀君が誰かに聞いた話に尾ヒレをつけて面白おかしくして、荻窪あたりのおでん屋で披露したものらしい。一方この話に潤色した共犯者は井伏鱒二さんらしい。というのは、この話が、われわれに伝えられたのは井伏鱒二氏の口からであったからである。私は井伏さんの家にも当時訪れて、この話の真偽を確かめたが、井伏さんはいつものように飄々として、「いや、本当か嘘か、君の判断に任せるよ」といって、曖昧な笑い方をしていた。

その時、井伏さんの奥さんが大へん綺麗だったことを私は憶えているが、同時に井伏家の障子の桟がこわれ、大きな穴だらけになったところから、まだ小さな御長男が顔をチラチラ覗かせて、こっちを見て、悪戯《いたずら》っぽく笑ったのを印象深く憶えている。その頃からみると井伏さんは少し肥《ふと》られたが、少しも変っていない。檀君も気味がわるいくらい若く、相変らずである。両氏の空談趣味も、思えば二十余年の筋金入りである。

この記事はこの頃でいえば週刊雑誌のトップ記事のようなもので、一つの話を聞き込むと、本人や第三者に会って事の真相を確かめるというやり方である。呑気な時代だから、こんな話でも記事として通用したのであろう。要するに間抜け記者は一杯食ったけれども、大へん雄大な話で、私は心はなはだ愉しかった。

余談であるが(わたくしの文章は余談ばかりから成り立っているようなものであるが)、檀君といえば、檀君ぐらい前借のうまい人を知らない。この頃こそなくなったが、前には雑誌社には前借に現われる若い文士がたくさんいた。ところで、大ざっぱな言い方であるが、前借のうまい作家ほど将来伸びるような感じがする。若き日の檀一雄、大岡昇平、吉田健一の三傑は雑誌借金の名人だった。彼らのやり方はみな若干違うけれど、要するに「オレに貸さなければお前の社は間抜けだよ」という気合いのかかったものである。少しもウエットなところがない。貸さないと、重大な過失をおかしたような気になってウカウカと会計の机に足が向いてしまう。文学的才能と借金の才能との間には何か微妙な関係があるのかもしれないが、不敏にして私のようなものには一向わからない。

檀君に一杯くわされた頃だが、わたくしには忘れられない、もう一つの記事の想い出がある。蔣介石や戴天仇その他中国革命の同志たちが東京で活躍した頃、新橋待合「高岡」でいろいろと日本の芸者にモテた話があると聞いて、ここのお女将《かみ》をつかまえることになった。なかなか居どころがわからなくて、やっと探し当てたのが芝公園のなかの小さな家であった。高岡のお女将さんはもう商売もやめて、そんなところに隠棲していたのだが、ガッシリした人で、なかなかこちらの誘いに乗って話をしてくれなかった。しかし何度も熱心に通ったおかげで、それでは、というので、二時間ばかり話を聴いたことがある。『話』の昭和十二年十二月号に載っている「蔣介石、戴天仇の日本亡命遊蕩記」という記事がそれで、サブタイトルは「新橋の待合の一室で行われた支那革命謀議、若き日の蔣介石に惚れた芸者もあった」というまことに大時代なものである。

私は当時朴ネンジンで、待合のお女将さんナンてものは、人種がちがうようでちょっとこちらの歯にかからないような妙な抵抗感があったのを憶えている。しかし高岡たまさんの話は実に面白かった。

「ところで、この蔣介石さんですが、いつもニコニコしていて、私たちにはあまりうまくはないが日本語で話していました。性質は素直でしたね。いまもそうだそうですが、あの頃も蔣さんは酒も煙草ものまず、女のほうも手出しをしないというなかなか珍しい品行方正な方でした。素直な上に、いつもニコニコし、また凛々しいところもあったので、日本人に似てるといわれ、家に出入りしている芸者衆にも好かれていました。そのうちに芸者のなかから遂に蔣さんに名乗りを挙げる者が出てきたのです。富太郎といって愛嬌のある妓でした。顔は円顔で、なかなかのシッカリ者でした。このシッカリ者が名乗りを挙げたのですから、蔣さんも相当なモノだし、この妓も目が高かったといえますね。両方なかなか熱烈で、とうとう話がついたわけです。蔣さんが帰国される時は富太郎も涙ぐんでいました。その後、あの妓もどうしましたか。

蔣さんが帰る時、面白い話がありました。ちょうど秋の台風気味の日でしたが、蔣さんの使いだといって一人の中国の人が見えました。私は玄関へ出て見知らない人なので、『どなたですか』といいますと、向うの方は急に大きな声で笑い出して、『お女将さん、私ですよ』というその声で、蔣さんであることがわかったのです。蔣さんがこれほど変装するのに巧みだというのに私は気がつかなかったのです。さすが革命家だけに蔣さんの変装術のうまさには感心したものです。」

このほか戴天仇、廖仲愷、汪兆銘などのいろいろな話が出て、ずいぶん面白かった。最後にお礼をいって、ふと気がついて、「写真を一枚撮らしていただきます」といったところが、お女将さんは急に表情を固くして、「写真だけは勘弁して下さいよ」といって、どうしてもいうことをきいてくれない。

これだけの記事をとって、その話し手の写真が載らないというのはどうしても困ると思ったので、再三再四頼んだが、絶対に許してくれない。連れて行ったカメラマンも手持無沙汰に私の脇に坐っていた。

そこで私は考えた。一応、お礼をいってその家の玄関を出た。二、三分してから、再びカメラマンといっしょに帰って、玄関の横手にカメラマンを待機させ、ピントを合わせ、フラッシュを焚く用意をさせて、私はもう一度呼鈴を押した。するとお女将さんが障子を開けて、「なにか忘れ物でも……」といって顔を出した。すかさず私がカメラマンに合図をする、とパッとフラッシュが焚かれた。

「済みません、済みません」といいながら、私はあとをも見ずにカメラマンと二人で逃げ出して社へ帰った。

いまにして思えば肖像権の侵害である。高岡さんには悪いことをしたと思って、いまでも時々思い出してお詫びをしているが、当時は大威張りで帰って編集長に報告したものである。彼女はもうとうに死んでいることだろう。蔣さんは元気で台湾で頑張っているが、彼に果して東京でこんな色模様があったかどうか、知る人はもはや彼一人ではなかろうか。

わが眼を疑うボーナス

編集者として戦前と戦後とどちらが忙しいかと訊かれることが多いが、問題なく現在のほうが忙しい。若い同僚の諸君がクルクル動いているのを見てもそう思う。原因は雑誌社の経済状態に由来するのである。周知のように、戦後あらゆる企業が経済的基礎が弱くなり、同時に激しい競争にさらされている。必然的に忙しくならざるを得ないわけである。

経済的なことをいえば、戦前は雑誌の返品率をだいたい四割から三割五分ぐらいと押さえていた。つまり原稿料、編集料、広告費、用紙、印刷代、すべてを引っくるめたものを原価計算し、そして刷った部数の六割から六割五分売れれば、まず収支トントンである。それ以上売れれば、それだけの利益が挙がるという計算である。雑誌によってはいろいろな計算法もあると思うが、私が聞いた範囲では『話』などは、そうした計算の基礎に立っていた。

ところが戦後は用紙代が非常に高く、宣伝費などを一例にとっても、新聞の広告費は戦前の六百倍になっている。あらゆる物価がだいたい四百倍とにらんで、これに較べていかに高いものであるかわかると思う。従って雑誌一冊の直接の生産費はいよいよ高く、定価は購買力の関係であまり上げられない。それだけ利幅も薄くなる計算になる。

現代の雑誌で恐らく二割以上の返品に堪えられる雑誌はないと思う。だいたい二割の返品で赤字スレスレで、それを越せば経済的に成り立たない。また雑誌によっては一割以上返品があったら成り立たない雑誌もふえている。婦人雑誌などあれだけ盛り沢山な内容と頁数、色刷りやグラビヤなどを揃えているだけに、おそらくこの一割前後が限度ではないかと思う。四割返品に堪えたものが現在では二割の返品でも危険であるということは何を意味するかというと、すなわち、雑誌編集者に対する直接の重圧になるわけである。それだけ働いて、売れる雑誌を作らなければならない絶対命題を背負って現代の編集者は動いているわけである。戦前の編集スタッフとほぼおなじ人数で、しかも戦前以上のふえた写真、グラビヤ、その他、社内執筆記事の増加ということに直面しているわけである。

仕事は忙しくなったが、一般的に云って報酬のほうは特別にふえたわけではない。日本のあらゆる産業とおなじに、戦前のほうが遙かによかった。

家内などもよく冗談に「月給百円の頃が一番生活がらくでした」というが、子供も小さく、家計も膨脹していないから、あるいは彼女の言が正しいのかもしれない。

私の初任給は二十五円であった。これは半年間の見習期間の月給であって、そのほか談話筆記の原稿料として十五円ぐらい支給されたから、だいたい四十円ぐらいだったと思う。半年してからの正式にきまった月給が四十円である。いくら物価が安いといっても、これはかなり辛かった。

しかし月給以外に原稿料がたとえ僅かでも入ったし、昼めし、夕めし代は社が支給してくれるし、しかも一年十円ずつ昇給するということは確実であったから、前途に対しては希望がもてた。私たち新入社員は、三名入社の予定を特別の顧慮で六名入ったのであるから、社としてもたくさん月給を出せなかった事情はよくわかる。しかし賞与の面では非常に恵まれていて、当時から文藝春秋は銀行なみにボーナスを年四回支給した。初めは僅かだったが、年々ふえてきて、入社五年目の三月の決算ボーナスでは驚くなかれ千二百円貰った憶えがある。わが眼を疑ったものである。現代の金にしたら五十万円ぐらいに当るであろう。月給はたしか八十円ぐらいの時だった。

私は結婚したてであったが、この金をどう費《つか》ってよいのか見当がつかず、親孝行をしようと思い、母親を連れて北陸から京都へ旅行に出掛けた。あまりあわてたので、寒いうちに出発してしまい、三月の中頃というのに北陸路で大雪にあってしまった。まず越前永平寺に行って、父祖の菩提をとむらってから、母と二人で京都、奈良と約一週間歩いた。よく会社は暇をくれたと思うが、こちらもずいぶん心臓が強かったと思う。

ところがこの旅行でウンと金を費うつもりでいたが、たしか二百八十円しか費えなかったことを憶えている。これで一生に一度の贅沢をしたような気がしたから、無邪気なものだったと思う。母親が当時弱かったので、これが孝行のし納めだと思って敢行した豪華旅行だったが、その母も七十二歳になっても、まだピンピン生きているのであるから、世事万端わからないものである。

入社した頃のボーナスの時であるが、若い社員の間で二、三の者が賞与の額が少いといって不満を述べたのが、菊池寛氏の耳に入った。菊池さんは大へんに怒って、翌日、社に出るとすぐ掲示を出した。

「今回の賞与について若い社員の間に不満があるやに聞いているが、言語道断である。文藝春秋の今日の隆盛は一にかかって古い社員の営々たる刻苦の賜であって、新入社員の如きの関知すべきことではない。不満なる者は即刻、社を辞めても差支えない。」

堂々たる自筆の掲示であった。菊池さんは、いつも思った通りのことをいい、また行った人である。いまなら早速、組合の猛反撃を食うところであるが、当時は、それで社内の不平分子もシュンとなったものである。なんとのどかな時代であったであろうか。この頃のように、組合からいじめられる経営者のなかでは、あるいは菊池さん独特の率直な発言に同感する人があるかもしれない。

菊池さんは親心で、社員には厚く報いたつもりだが、受けとる側のものは、この親心に多分に甘えていた者が多かったことは事実である。それでなくても、編集者と浪費はつきものであった。菊池さんは自身大へんな浪費家であったが、社員は自分の収入のことを忘れて、この浪費だけを真似た者が多かったのはやむを得ない。ボーナスが少いという不平の声は、それから後もずっと、絶えなかったように思う。

当時社は大阪ビルにあったが、月給日はコトであった。押しよせる借金取りを逃げて、ビルの石炭のたき殻の上に、飛び下りた者があった。また、洋服の月賦をあまりため、その洋服屋が気狂いになったというような騒動もあった。もっとも、その洋服屋は、前から頭が少しオカシかったが、——それにしても当時の編集者には、豪傑がいたものである。

編集長としての菊池寛

雑誌『話』は創刊当時は新しい形の編集の雑誌として評判がよかったが、たちまちマンネリズムに陥って売れなくなってしまった。

ちょうどその頃、突如として社内の人事異動があった。『話』の編集長を菊池寛氏が担当するというのである。そして編集の主任として桔梗利一氏がなった。社長として自ら編集長になったということは相当自ら信ずるところがあったのであろうが、わたくしとしては、編集者としての菊池さんの実力を知る、またとない好機会を得たわけである。

菊池さんが引き受けた時の『話』の返品は実に六割近い数字を出していた。最初の編集会議はたしか社長室においてであった。将棋が盤上に散らばっている乱雑な社長室であるが、午後三時頃になって出社してきた菊池さんは、すぐわれわれ五、六人をその部屋に集めて、「今度、僕が編集長をやるよ。これからプランを出すから聴いていたまえ」といって、彼は机の上の巻紙をとって毛筆でサラサラとプランを書き出した。五分ぐらいで、たしか十五ぐらいの企画があったと思う。その速いこと、驚くばかりである。

そしてそれを自分で読みあげたのであるが、たとえば「野依秀市はどんな男か」「講談社はどんなところか」「朝日、毎日争覇戦」「銀座の女給をメンタル・テストする」とかいうような、いままで聞いたことのないような題目ばかりである。「……とはどんな男か」とか、「……とはなにをするところか」とかいう題名は、それ以来、ずいぶんあっちこっちの雑誌に現われ、ははア、またうちの真似だナ、としばしば思ったが、これは菊池さんの創案である。非常に突飛なような題であるが、そのものズバリである。読者にもすぐ諒解できる題である。また、目標がハッキリしているから編集者としては非常にやりやすい、実行計画に移りやすい企画であった。つまりトピック主義であった。

「銀座の女給をメンタル・テストする」などというのはちょっと突飛過ぎると思ったが、実際に菊池さんに与えられた問題集を持って銀座の盛り場を歩き、女給さんの一人一人にその回答を求めて歩いている間に面白くなって、案外彼女らが物知りであるということも知ったし、また彼女らがちょうど銀座人種の知識の平均点をもっているということも発見したりした。ヘンなプランだと思っても、それを実行しているうちに編集者のほうが惚れ込んでゆく。そして、どうしてもこれを面白い記事にしなくてはならなくなるというところに菊池さんの企画の特徴があった。素晴らしいプラン・メーカーだと思ったことである。

そして菊池さんの編集長第一作の結果はすぐ現われた。その号からよく売れて返品が二割足らずに止まることになり、大赤字の『話』もすぐ黒字になった。

われわれの経験では、下り坂になっていた雑誌を盛りあげることは非常にむずかしい。少しでも登り坂の雑誌を、さらにグングン伸ばすことは比較的やさしいが、一度、頭を下げて行ったものを、グッと強い力で上にもちあげるということは、天才的編集者でなければできないことである。菊池さんはこの非常にむずかしい仕事を、なにか極めて無造作なうちに成し遂げたような気がする。

菊池さんは当時の秘書の佐藤碧子さんに「僕がこの頃考えているのは三分の一は息子のこと、三分の一は小説のこと、そしてあとの三分の一は『話』の編集のことだよ」といったということを聞いたから、いくら無造作な菊池さんでも、『話』の編集には相当力を入れたことがわかる。それにわれわれの企画に対してもいちいち「ウン、ウン」と聴いてくれて、悪いところを直してくれる。つまらない企画だとムキになって、「そんなプランはイミないよ」と一蹴されるが、しかし一蹴されても気持がよかった。

しかも社長が編集長であることの有難味は、編集会議に御馳走の出ることである。その頃よく編集会議をした麴町にあった文藝春秋クラブで、私たちはいつもおいしい弁当をとってもらった。新橋のからす亭からとった弁当のうまさなど、いまでも忘れられない。しかも菊池さんは何事も懸賞主義で、いいプランがあると、「十円やるよ」である。十円というのは菊池さんにとって一つの単位であった。くれる小づかいが十円であり、プラン料が十円なのである。『文藝春秋』でいまも現存している「眼、耳、口」の欄は編集会議の時に、当時の『映画時代』の編集者である古川ロッパ氏が提出して、菊池さんから十円貰った企画である。今日まで三十年近く残って、しかもなお沢山の読者をもっているのであるから、ロッパ氏は、十円では安いからといって、追加請求を地下の菊池さんに吹ッかけても差支えないだろう。

夜なぞ、よく地階にあったレインボー・グリルに残っていると、菊池さんがやってきて、「君、まだいるのかい。小遣いあげるよ」といって出してくれたのもやはり十円である。しかも袂《たもと》クソのついたクシャクシャの十円札である。すべてが十円単位である。

菊池氏の文学が後世どういう評価を受けるか、これはまだわれわれにもわからない。現在のところでは私は実質以上に不遇であると思う。生前の文名の盛大さとくらべて憮然たる思いがないでもないが、私はまたその点については後世を期待している。しかし編集者としての菊池氏を見る時、私はまれに見る大編集者だと思う。企画力といい、行動力といい、全体をまとめることといい、わたくしには彼が、考え得られる限りの最上の編集長に見える。

菊池さんの頭は非常に思いつきに優れている。思いつきというのは軽いようであるが、企画は考えぬいた末の思いつきが一番大事である。長年の広い人生体験に裏打ちされた思いつきのよさは、雑誌では最も大事なことである。そしてよいヒントはいつも大衆の好みと彼らの向うところにピタリと膚着していたところに特徴がある。

菊池寛氏の『心の日月』という小説があるが、これは省線飯田橋の駅で若い恋人たちが会うはずのところ、実は飯田橋に駅が二カ所あって、そのために恋人たちがすれ違いになり、それからおのおのの運命が展開するという筋であるが、これなどもおそらく菊池さんが飯田橋の駅を通る時、ふと気がついたところから小説のストーリーを当てはめて行ったのであろう。彼の頭は難解な抽象的なことが一つもなく、いつも具体的な問題で満ち溢れている。いっしょに車に乗っていても看板を眺めていて、「あの名前は面白いじゃないか」などという。普通使わないような珍しい名前の家や商売にすぐ気がつく。われわれからすればその方が奇妙に思われるほど、なんでもないことに強く驚いたり好奇心をもつ人であった。

これは私の失敗談だが、社の同僚が戦争中、結婚した。この結婚式に招《よ》ばれて出掛けたが、披露宴には早すぎて、ちょうど写真を写すところであった。これは新郎新婦と親類縁者だけ集まったところであるが、私はあわててその列にとび込んで大きな顔をして写された。仲人をしていて、その中にいた菊池さんはあとで、「君は親類でもないのに図々しいじゃないか」といったが、「しかしああいう結婚式の場所ではお互いの親類に顔を見知らない人が多いんだから、君みたいなあわて者がとび込んで親類づらしてもおかしくないのは愉快だね」と愉快そうにカラカラと笑っていた。これは小説に使えるナ、とあるいは思ったのかもしれない。

ただ、あれほど熱心だった彼の編集長生活も実は一年足らずで終ってしまった。小説執筆、その他の雑務が多いのでやむを得なかったことであるが、菊池さんには一種の飽きッぽさがあった。編集者としての欠点を強いていえば、この飽きッぽさが、その最大のものだろう。編集者は飽くまでも粘り強くなければならないわけである。

菊池さんは飽きッぽいというか、面倒くさがりというか、第一、自分の社の主催した座談会に出て司会者の役をしながら、話がこんがらがったり、退屈したりすると、面倒くさそうに途中ですぐその役を放棄した。「ぼく、もういいだろう。あと、君、やれよ」といって、お客さんはまだ滔々と弁じているのに、菊池さんはサッサと中座してしまう。あとに残ったわれわれこそ災難である。

菊池さんの編集長生活は短かったが、しかし私はこの短い期間、編集者としての菊池さんに接したことを、生涯の最大の幸福の一つであると思っている。あの傍若無人の飽きッぽさすら、いまでは懐しく思う。いずれにしても菊池さんは人の使い方の名人である。自分の知恵には限りがあるが、人の知恵を使う限りにおいて、これは無限である。人使いのうまい人が、天下無敵なのは、この故にである。いかにして人の知恵をうまく総合して使うか、上に立つ者の要訣は、これに尽きるようである。

「社中才人乏しからず」

昭和十二年、『文藝春秋』の十五周年を迎えた時に、菊池さんは「十五周年に際して」という一文を寄せている。これは非常に簡潔であるが、情理を尽した名文で、十五年間の『文藝春秋』の歴史を要約しているが、その最後に、

「僕は創刊以来、編集にも努力してきたが、近来雑誌がますます順調になるにつれ、殆んど編集は社員に任せきりである。悪くなれば僕は干渉するつもりであるが、よくなれば放任しておく方針なので、近頃は編集会議にも殆んど顔を出したことがない。だから最近の好調は一に編集者の努力によるものが多いのである。この調子なれば経済的にも順調だから、僕が死んでも十年や二十年はビクともしないであろう。（中略）僕が文学者としてどれだけ価値のある人間かどうかは後世の批判を俟《ま》つほかないが、しかし雑誌経営者としては確かに成功したと自信している。社員相和し、いずれも仕事を楽しみ、よ

く遊びはするが、しかし勘どころは外さず、他の雑誌社の半分ぐらいしか働かないようであるが、雑誌は少くも遜色がないのは社中才人に乏しくないためかと思うと、社長たる僕は甚だ愉しいのである。……」

うまいこと、いったものである。「社中才人は乏しからず」といわれ、社員たるわれわれ甚だよい気持になったものである。「他の雑誌社の半分ぐらいしか働かない」といっているが、どうやらこれは本当で、当時のことを思うと、私などはどれだけの努力をしていたか、いささか恥《はずか》しい。しかし「社員相和し仕事を楽しんだ」ことは事実であった。よき時代に自分の青春をよき社に投げ込んだことの幸福を、いまでも思わないわけにはいかない。編集者の駈出しとして、私の仕事がどれほど社に認められたかどうかはわからないが、入社して以来、年とともに社業も順調に進み、非常に少かった月給もドンドン上がり、自分自身だけに限っていえば幸せであった。しかし、わたくし個人が幸福を感じていた時、日本は満洲から北支へと手をのばし容易ならざる時代を迎えていたのである。

この年、わたくしは結婚したが、ささやかな新婚旅行に出かけるべく上野から汽車に乗ったところ、二等車はすでに夥しい白衣の軍人で埋まっていた。北支から送られた傷病兵の第一陣であるという。彼らは一様に黙々として、車外の大騒ぎを他人のような表情で眺めていた。その石のような蒼白い顔を見ながら、わたくしは傍の妻に、「たいへんな時代になってきたね」と囁いたのを、昨日のことのように覚えている。

日本を離れて想うこと

国際的にヒケをとらぬ日本の雑誌・新聞

海外旅行は、戦前に大陸へ二回、戦後はヨーロッパ、アメリカと三回、我ながらずいぶん飛び廻ったものだと思う。今度の二カ月にわたるアメリカ旅行では、主としてアメリカの出版・雑誌を見学したのであるが、その規模のあまりに大きいのに、ただただ呆れるばかりだった。編集長の月給が一万ドル（四百万円）という雑誌もあるのにも、アレヨアレヨであった。これはいったい、日本にどうあてはめていいのか判断に迷うことがしばしばであった。部数とか規模からいえば、日本の雑誌は小さいかもしれぬが、しかし、内容の点から見て、果してアメリカに劣っているかというと、私は必ずしもそう思わない。特に日本の総合雑誌は、日本でこそ、いつもシンラツな批判の対象になっているが、しかし一歩海外にあって、向うの同種類のものを読みくらべ、これを熟読してみるとき、雑誌は相当なものであるという確信をもった。

例えば『中央公論』の五月号を私はニューヨークで手にして、全部端から端まで読んだが、日本で読むのと違った迫力があり、世界感覚からいっても、これはなかなか相当なものだという感を深くした。一例をあげれば、サルトルの論文である。ちょうど今度のド・ゴール問題の前触れとでもいうべき予言と良心に満ちた論文であった。こういうフランス本国ですぐ発売禁止になったものでも、日本の総合雑誌がいち早くとらえるということは、日本の総合雑誌が世界の動きに対して怠惰であり、或いは偏った見方をしている、という非難を覆すに足るだけのものがあると思う。これは『中央公論』ばかりでなく、日本からいろいろな雑誌を送ってくるのを片っ端から読んだのであるが、とにかく日本のあらゆる雑誌の編集者が相当勉強して、しかもひじょうに自由な立場から問題をとりあげていることに一種の力強さを感じた。

ミシガン大学は極東関係の学問でアメリカでも有数の大学であるが、この図書館を訪れたとき、日本の総合雑誌のバック・ナンバーがズラリと並んでいるのを見て、一種の驚嘆を覚えた。『文藝春秋』なども創刊号からほとんど揃っている。案内してくれた日本語関係の先生方もみごとな日本語で、「『文藝春秋』を全部揃えたいのですが、なかなか欠本が見当らなくて困っています」という言葉だった。社のバック・ナンバーも実は戦争中あちこちを転々と疎開したときにかなりのものが失われ、しかも戦後これを補充するのにひじょうに困難をしているのであるが、おなじような悩みをミシガン大学で打ち明けられたのには実に驚いた。

日本語日本文学の教室へも招かれて、学生諸君の質問に答えたが、日本の雑誌はみなかなりよく読んでいて、なかなか面白い質問があった。ただ困ったのは、「『文藝春秋』はアメリカの雑誌でいったらば、どういう種類の雑誌か」という質問であった。私は、「よく『文藝春秋』は『サタデー・イヴニング・ポスト』とおなじようだといわれるが、どうも私はこれを承服できない。記事の扱い方からいえば、むしろ『ルック』に近いし、またある部分では『アトランティック・マンスリー』や『ハーパース・マガジン』のようなところがあり、まあアメリカの雑誌の一種のミクスチュア――混合物のようなものだと思っていただきたい。ちょうどアメリカと日本の国が違うように、アメリカの雑誌と日本の雑誌も違う」と、たいへん苦しい返事をした。

この時、ある学生が立って、「『ルック』に似ているかもしれないが、しかし『ルック』には谷崎潤一郎のような有名な小説家が寄稿することがないが、『文藝春秋』には谷崎さんの原稿が載ってるではないか」といったので、こちらがかえって驚いた。『文藝春秋』を教科書にしたというのは実はこの大学のことであって、よく聞いてみると、日本語をよく読める上級生の何人かがグループをつくって、毎月の『文藝春秋』をテキストにして、教室で読んだそうである。このことは、日本で聞いていたので、実はこのクラスの学生諸君に会いたくて、私はこの大学を訪れたのであるが、残念なことに昨年、みな卒業してしまっていた。そのなかでただ一人残っている学生が、いろいろな質問を日本語で浴びせかけてきた。例えば日本における道徳教育の問題はどうなっているかとか、或いは石原慎太郎の作品はその後日本でどういう評価を受けているかというような、専門的（？）な質問をする。逆にこちらから、「石原慎太郎の作品はかなりその後も読まれているが、あなたは興味があるか」というと、「ひじょうに面白い。同時代の若い者としての興味をおぼえる」というような返事だった。とにかく僅かの学生ではあるが、アメリカの大学で日本の雑誌がこれだけ問題になったということは編集者として率直に嬉しかった。戦争中の神がかりの『文藝春秋』、或いは他の総合雑誌を読まれたら、かなり恥《はずか》しいものもあるのは事実であるが、しかし彼らの知的要求を、かなりの程度まで現在の日本の雑誌がみたすことができるという点で心愉しかった。

日本にも長くいて、日本語のよくできるアメリカ人の話であるが、日本の雑誌に載っている記事は、よく読んでみると、ひじょうに面白い。最近、日本の文学がいろいろと翻訳されていて、例えば谷崎潤一郎氏、大岡昇平氏、大仏次郎氏の小説などが翻訳されて、よく読まれているが、小説以外で日本の雑誌に現われている論文、随筆のなかには、アメリカ人が読んでもひじょうに面白いものがたくさんある。もしこれを適当にアメリカ人にわかるような英文でダイジェストして、日本の雑誌から選んで月刊雑誌を作ったら、かなり売れるんじゃないかという話をもってきた人もあった。その人の意見を全部信ずるものではないが、日本の雑誌の内容がかなり面白いものであるということはいえるのではないかと思う。問題は日本語がむずかしいために彼らに読めないのであって、現代の小説が相当な読者を摑むことができるならば、日本の雑誌に出ているほかの記事でも、アメリカ人が相当の興味をもって読むものが、かなりあるのではないかという感じはいまでももっている。

アメリカにおける日本ブームを、ジャーナリズムは大きく評価するが、アメリカ全体から見れば、日本に対する関心がそれほど高いとは思わない。日本ブームといわれ、スキヤキがもてはやされ、障子とか、あらゆる室内装飾の日本的なものが喜ばれるというようなことについても見聞したが、それなどもよく考えてみれば、それほどの大きなことではない。日本とアメリカが最近近くなって、日本で生活したアメリカ人の数がひじょうに多くなったために、自然的に日本に対する関心が生まれたわけであるが、しかしなんといってもそれは全体からみて小部分のことである。ニューヨークやワシントンで、日本レストランがいくら流行《はや》るといっても、中華料理店の数や豪奢なのにくらべれば問題になったものではない。むしろ、いわゆる「日本ブーム」によって、いままで日本というものは支那の一部であるかのごとき観を呈していたのが、中国と日本は違うものであるという認識が、やっとこの頃アメリカ人についてきたという程度のことが、実際の姿ではなかろうか。

アメリカの新聞を毎日丹念に読んでみたが、日本に関する記事は本当に寥々たるものである。私が見た限りではたった二つであって、一つは『ニューヨーク・タイムス』の日曜版の附録に、三橋美智也のブームがどういうところから来ているか、というその原因をごく簡単に書いた記事で、もう一つは日本の総選挙の開票まぎわになって、岸が再び政権の座につくであろうという予測記事であったが、しかも一段で三十行ばかりの小さな記事であった。問題なく新聞は連日フランスの危機を伝え、南米訪問中のニクソン副大統領の受けた屈辱に対して怒りの声をあげていた。しかもアメリカの新聞で、国際記事を載せるのはむしろ高級な種類であって、大多数のものはローカルな記事で埋まっていた。その意味でも私は、日本の新聞はカレコレいわれるが、少くとも国際的な記事に関しては、かなり高い評価を受けてよいという印象をもっている。

アメリカを旅行して一番浴びせられる質問は、「赤い中国」に対してどう思うかという質問であり、また一番多く耳にする不平は、われわれはこれだけ高い税金を忍んで外国を援助しているのに、なぜ外国からこう嫌われるのかという訴えである。高い生活水準を維持し、なんの不平もないように見えるアメリカも、気になることはたくさんあり、またもってゆき場のない文句をもっていることも事実なのである。

アメリカを見て誰でもいうことであるが、なぜこんな大きな国と戦争したんだろうという疑問である。たくさんの軍人や政治家が戦前にアメリカを訪れ、アメリカのことも相当知られていたにもかかわらず、ああいう不幸な戦争を起したということを思うと、人間が一つの外国を観察するなどということは、ずいぶん頼りないものだと思わないわけにゆかない。

戦時中の中国視察の回想

私が最初に日本国外へ出たのは昭和十四年だから、約二十年前のことになる。満洲から支那にかけて見てこいという社の命令で、五百円貰って出発した。当時文藝春秋では社員全部に大陸を見せるということになり、その最初に私が選ばれたわけである。まず、船で朝鮮に渡って、一番驚いたのは朝鮮の軍国調であった。とても日本では想像できなかった。

例えばある晩、京城を歩くと、「我等の部隊長凱旋記念講演会」という札が出ている。珍しいので、とび込んで見ると、この部隊長は金錫源少佐のことである。金少佐は山西戦線に転戦して感状を貰って最近帰還した人で、日本の陸士出で、当時の朝鮮のヒーローの一人であったようだ。大きな会場へ入ってみると、二階から三階まで鈴なりの聴衆で、約三千人ぐらい集まっていた。拡声器は会場いっぱいに響きわたり、「父よ、あなたは強かった」の曲をやっている。そのうちに司会者が立って、「英霊のため一分間の黙禱を捧げます」といって、やがてそれが終ると、金少佐が壇上に現われた。

「みなさん、死んで帰らにゃならん私がこうして生きて帰って、壇上から話をするというのは、なんともいえん気がするんであります」――少し舌が回らないところがあったが、それほど聴き苦しくはなかった。軍人らしい口調で講演を始めた。

「……なにしろ激しい戦さをつづけてきておりますので、言語も荒れ、乱暴な話振りをするかもわからんが、あらかじめお許しください」といって、約二時間にわたって、日本語の実戦談をした。金少佐はその日、午前中にも朝鮮語で二時間報告をしているそうである。この話を聴いているうちに、私は息苦しくなり、なにかチグハグな感じがしてきて、最後まで聴くことができなかった。

また当時、京城師範学校では、壁画にペスタロッチの額を掲げていたが、戦局の推移とともにペスタロッチは自由主義教育といわれて、この額の代りに楠公父子桜井の別れの大額が掲げられた。

その時のことを、次のように雑誌にレポートした。「ペスタロッチと桜井の別れ。私は複雑な考えに陥らざるを得なかった。京城の街を歩くと、木刀や竹刀を持った小学生にしきりと出くわす。膝小僧のツンツルテンのズボンを穿き、真黒な小倉の上着を着た朝鮮の子供達が、いいあわしたように木刀を肩にして、胸を張って行くのである。これは各小学校で木刀を振り回す体操をやるためであって、京城ばかりではなく、いまや全朝鮮を通じて徹底的に行われているのである。国語化運動、皇国臣民の精神、勤労奉仕、忍耐訓練等々、いまや半島の教育界にはペスタロッチの入り込む隙もないほど、徹底的な日本化の運動が行われているのである。『あの少年たちの言葉はもう純粋な朝鮮の言葉でなく、日本語とチャンポンなのです』と同行の朝鮮のインテリの一人が囁いた。十年前の小学校では、日本語を一言喋ったために袋叩きにあったそうであるが……」

私はまた朝鮮総督府の陸軍兵志願者訓練所を参観した。朝鮮の壮丁を集めて、入営前の訓練をするところであるが、そのスパルタ式の物凄さにはちょっとドギモを抜かれた。徹底的な日本式の教育を課しているのである。彼らが最も喜ぶ唐辛子さえ、ここでは制限され、日本食に馴らされている。

私は私の大陸通信の第一信を「半島軍国調」という題で『文藝春秋』の時局増刊に書いた。書きながらも、なんともいえない息苦しさを感じた。たまらない感じであった。いったいこういう極端な日本化運動が、どれほどの苦しみを半島の人達に与えたか……。これは一つの国家的暴力ではないかと思ったが、ハッキリとそこまでは書けなかった。しかし全体には、なんとなしに日本化運動の愚かさと滑稽さを仄めかしたつもりであった。

日本へ帰ってきて、その当時、地下室にあったレインボー・グリルで、当時のモダン日本社の社長の馬海松氏にバッタリ遇ったところ「君の通信を読んだよ」といって、ニヤリと笑った。馬さんは、朝鮮の人で、菊池さんにずいぶん可愛がられた人で、日本人の間にも親しい友人が多かったが、当時でいえば一種の民族主義者であり、自由主義者であった。そのゆえにこそ私もひそかに馬さんを高く買い、また好きであったのであるが、馬さんのこのニヤリとした笑いに私もつい釣り込まれて、「まあナンとか書いてみましたよ」といったところが、「まあまあれならいいですね。一度、御馳走しますよ」といって、銀座で一席御馳走になったことがある。その席で、二人とも朝鮮のことは何一つ話題にのせなかったが、気持の通じ合うところがあった。馬さんはいま南鮮に残っている。日本敗戦の間際に、朝鮮へ帰ったわけであるが、これは民族主義者としての馬さんには、一番正しい道だったと思う。現在、南鮮にあってどうしておられるか、ほとんど消息を聞かないが、日本にいる昔の同僚や友達はみな馬さんの噂をして懐しんでいる。日韓の交渉が早くまとまって、両国の人間がお互いにもっと気楽に往来できる日が一日も早くくることを、馬さんのためにも、またわれわれのためにも希望しないではいられない。

朝鮮から満洲へわたって、奉天、新京（長春）とブラブラ歩いたが、やはり面白かったのは新京であった。大陸科学院と建国大学を訪問した。大陸科学院では当時、院長の鈴木梅太郎博士にお目にかかった。鈴木さんはビタミン学の世界的権威であり、『文藝春秋』の長い間の寄稿者で、「世の中に面白いことなんかないね」というようなにがい表情をしているが、実はユーモラスで、鋭いところが多分にある方である。

「満洲ではなにか面白い話がなかったかね」と、さっそく向うからやられたので、

「実はこちらの大陸科学院に伺う前に建国大学へ行ってきましたが、ちょうど植樹節とかで、生徒たちは街へ樹を植えに行っているそうで、学校はカラッポでした」というと、鈴木さんはニッコリとして、

「あの大学は午後から学生はみんな労働者になるんだ」といって、小さな声で笑われた。鋭い皮肉がそこにうかがえた。学生の勤労奉仕が日本でもさかんな時代であるが、とにかく建国大学というのはそういう大学であった。「建国大学の学生は、卒業までに全部柔道も剣道も三段と四段までにしたい」と武術教官の一人が私にいっていたが、これでは大学だか、士官学校だかわからないようなところであった。とにかく九十五万坪という広漠たる校庭の中に、校舎と塾舎、寄宿舎がバラバラとあるのが、ちょっと日本離れして面白かった。雄大といえば雄大で、見ていて気持はわるくなかった。

「塾舎は現在六棟、教室のうしろに扇型に並んでいる。八紘一宇にちなんで放射線状に建てたものだそうである。防寒上、スチームが土中を通って各塾舎に通っているが、八紘一宇とはこれまたなんと無駄な寮舎の配置の仕方であろう。土中に埋めるスチーム管だって、これでは大へんな長さである。厳寒時にこれだけ土の中をもぐって行くスチームも、寮舎に行くまでにはたいてい冷えてしまうだろう。冷えないためにどれほどたくさんの石炭を焚かねばならないかは、子供でもわかる問題である。寄宿舎をもっと一カ

所に集めて、整然と並べたら、スチームばかりでなく、いろいろな点で能率があがるのではないかしら。八紘一宇とはこんなところにまで、こだわらなければならないのか」と書いている。

これが精いっぱいの私の皮肉であった。

ただ建国大学で愉しかったのは、登張竹風先生を塾舎に訪れたことであった。酒徒、登張さんは昼間から酒を飲んで、御機嫌であった。小さな書斎はドイツ語の本で埋まり、身辺には日本酒の一升瓶が何本も突っ立っていた。われわれの時代に、ドイツ語を習った者は、みな登張先生の独和大辞典のお世話になったものである。

「わしが日本を発つ時は、女子供なぞ如何《いか》なる辺土へでも流謫されたかといった具合に歎きおったが、満洲生活満一年になるが、一度も病気して寝たこともないし、その間に一回も日本の土地を踏んでいない。朝には立って天下の英才を講筵に集め、夕には地平線に沈む赤い日輪を眺めて酒杯をふくむ」

といって、大いに東洋豪傑の面目を発揮しておられた。少々、時代錯誤の感があったが、実はこれが満洲をつつんでいる全部の空気の代表であり、先生自身もこれをエンジョイしておられたのだ。竹風先生は当時の『文藝春秋』にしばしば長い随筆をお書きになったが、私はいまでもその一抹古拙なる風格を帯びた随筆の愛読者である。

満洲を見てから北京に向った。汽車が山海関を通り、やがて北京の正陽門を見ながら北京車站へ着いた時には、ほんとうに王城の地へ来たという感じがした。北支の戦線が一段落した時であったが、駅へ降りると、日本人だけはドンドン改札口へ出られるが、中国人が行列を作って取調べを待っているのを見た時には、これは戦地へ来たという実感があった。憲兵が長い剣を吊ってホームを縦横に濶歩している姿が、この時代の象徴であった。

北京では友人の家に居候したが、ここはかつての北京大学の教授の李石曾氏の接収住宅だった。中庭があって、広々とした、いかにも古都の由緒ある住宅であった。

万寿山を見学したり、芝居を観たり、中国料理を食べたり、その頃の日本人旅行者がするようなことを一通りした。当時の北京で一番やりきれない思いをしたのは、日本の兵営や官庁のあるところに衛兵が立っていて、その前を通る者にみなお辞儀をさせたことである。日本人ももちろん、歩哨にお辞儀をしなければならないし、中国人までそこで帽子をとってお辞儀をしないと、大声でおどかされた。誇りの高い中国民衆にこういう愚劣な措置をとることが、どんな影響を及ぼしているか、心ある日本人はみな憤慨していた。

山西省の太原や楡次では部隊の中に泊り、兵隊さんとずいぶん親しくなったが、彼らに「戦争に来て何が一番よかったか」というと、「食べ物がいいです」というのには驚いた。彼らは北海道の兵隊であって、主食は雑穀で、米の飯を三度三度食べたことなどない。それが動員されて、日本の内地を素通りして、北支の山奥まで連れてこられ、ここで三度三度、白米を食べることができた、というのである。しかもトンカツなどは軍隊へ来て初めて食べた、という兵隊がかなりいたのにはビックリした。日本人にはそういう低い生活をさせておきながら、なにが「アジアの解放」であろう。日本の貧困から、まず日本人を解放してもらいたいと思った。

太原に行く軍用列車は夜行は危険なので、夜は石家荘でとまらなければならない。私は石家荘の寂れた兵站宿舎で、わびしい一晩を送り、石家荘から装甲車に前後を護られた軍用列車で太原へ向ったが、娘子関へ着いた時、敵襲があったばかりで、汽車はここでストップした。線路へ出て体操をしていると、向うにまっ赤な日本の着物を着た若い娘たちが、十人ぐらい賑やかに車から出たり入ったりしているのが見えた。よく見ると、みな朝鮮人の慰安婦で、真赤な着物はみんな人絹であった。彼女らのあげる不思議な発音の嬌声を聞きながら、その時私はなんともいえない暗い気持になったのを、いまでも憶えている。慰安婦の一行には日本人の遣手婆ァらしいのも一人ついていたが、この無教養な顔を見ているのは、はるかに堪えられなかった。

太原は当時の軍の一大拠点であった。街は軍人で溢れていた。ちょうど占領の落ち着いた頃で、日本の商人もドンドン進出していて、なかには鮨屋まであるのには驚いた。どんなものを食べさしているのかと思って入ってみたところが、マグロというのがほと

んど黒色に変っているのを見て、なんとも箸がつかなかった。しかし兵隊さんたちは無邪気に、

「ああ、日本に帰ったような気がするなァ」

といって、これを頬張っていた。

また、鐘紡が経営した山西交易会館という小さなデパート式の建物に入ってみると、兵隊さんがまるで唸るようにして、かたまって、一カ所をみつめている。よく見ると、その展示は日本の温泉宿の一室を摸したもので、ただ畳と手摺りがあって、衣桁には紅い女の着物が下っている。背景には、みどりしたたるばかりの下手な風景がペンキで描いてあり、そして手摺りにはタオルが下げてある。何の奇もない飾りつけであるが、想像力を働かせれば、いかにも日本の若い婦人がいま温泉からあがってきたばかりという気配が、そこに流れているのである。兵隊さんたちは「凄いな」といって、目をつり上げたまま動かないで、溜息をついている。

これを見た時に私もまた胸が詰ってしまった。どの兵隊もみな強い郷愁を抱いて、故郷に憧れていたわけである。日本人はどこへ行っても、日本の生活を振り切ることができない……。

アメリカへ行ってもそうなのである。日本人がたくさんいるところには必ず日本料理屋があり、鮨屋がある。「ニギリズシ」とローマ字で書いた鮨屋がある。鮨はまさか太

原ほど黒くはないが、大きなニギリの上に、不細工にしかも放射能をタップリ浴びたマグロの小さな一切れが乗っかっている。また在米の日本の一世の人たちはお金ができると、みなすぐ自分の家の中に日本間を造る。畳がなかなか手に入らないので、薄べりを敷き、そして床の間を造り、掛軸をぶら下げる。これらが、みな日本から直接取りよせたものであることが、彼らの自慢なのである。小さな盆栽もあり、そこは哀しいまでに日本であり、日本の生活なのである。日本人がもっている郷愁というものはいかに強いものであるか、ただただ溜息が出るばかりである。

支部事変から長い間経って、日本人はたくさんの海外生活を経たわけであるが、中国大陸であろうが、アメリカ大陸であろうが、異国で暮らす日本人の心のよりどころに、なにほどかの変化と進歩があったであろうか。私にはそのへんのことは正確にはわからないが、しかし悲しいまでに、日本というものにしがみついている日本と日本人というものの本質を考えないではいられない。

外国を見るということは、いつも日本を外から見るということであった。アメリカを旅行しながら、いつもわたくしの頭の中にあったことは、日本ということであった。アメリカで暮らしている日本人を見ながら、わたくしはしばしば二十年前の第一回の中国旅行の記憶が、鮮かによみがえってくるのにおどろいた。

マルスの跫音を聞きながら

編集者牧歌時代

戦後、ミス・ニッポン流行《ばや》りで、さまざまの新聞、雑誌で、この銓衡が行われている。綺麗な人を見るのは愉しいし、またお色気のある紙面をつくるという意味からいってこの企画は繰り返されるのであろう。

戦前にも文藝春秋の『オール読物』でプロ・ミス・ニッポンという企画があった。ただのミス・ニッポンでなくて、プロというところがミソで、芸者、ダンサー、女給の諸嬢の写真を雑誌に載せ、半年ぐらい溜ったところで、この銓衡をするというやり方であった。最近は女性が積極的になっていて、こういう企てでもあると、たくさん写真が殺到するが、戦前は諸事万端おうようというべきか、企画が発表になっても、なかなかい写真が集まらない。たまに自薦の写真がとび込むが、なんとも御挨拶に困るようなものが多かった。そういうのに限り洋菓子の大きな折がついて編集室へ舞いこんでくるのであるが、洋菓子は早くたべぬと腐るので、頂戴し、写真のほうは然るべく厳密に処置した。

　写真の集まりが悪いので、編集部で美人の写真を探さなければならない。私はちょうど『オール読物』の編集部にいたので、この写真蒐集係りを仰せつかった。芸者の写真が主であった。新橋、烏森、赤坂、葭町と、ずいぶん歩き回ったものである。芸者屋の玄関というのは入りにくいので、裏口からおずおず入ると、

「オヤ、雑誌屋さんかい。用意してましたよ」

　といって、お女将《かみ》さんが写真を出してくれる。裏口から見る芸者屋というものは珍しく、ことに夏場なぞは、すべてがあらわで、役得というか、大いに眼福に与《あずか》ったものである。

『オール読物』の編集部にいたのは半年足らずであったが、私の係りは長谷川伸さんであった。

　長谷川さんは締切り二、三日前には必ず原稿のできる人で、その点では駆出しの記者に一番有難い寄稿家である。中間に一、二度、催促に伺うと、必ず締切り二、三日前に原稿が出来ていた。長谷川さんの原稿の字は難解という点では丹羽文雄氏と双璧である。ただ長谷川さんの原稿には必ずルビが振ってあって、しかもそのルビは赤インクで振られていた。原稿紙一面になにかわからない模様のような字があり、そこに点々と赤いルビが振ってあるのは、ちょうど幼女が着ている可愛い絣《かすり》を見ている趣きがあった。

長谷川さんはやさしい人で、いつも行儀よく、目黒にあったもとのお宅へは私は数回通ったことがある。しかしどんな話をしたか、いまはほとんど思い出せない。ただ、あたたかい乃木大将のような顔をした長谷川さんのことが頭に残っているだけである。もっとも乃木大将というのはこの頃の長谷川さんのお顔であって、当時はもっと若かったから、だいぶ記憶がダブっているわけである。

大衆文壇は当時、隆々たる時代であった。その頃、白井喬二さんのお宅へも一、二度、伺ったことがある。世田谷にあって、ひじょうに豪華な家ということが印象に残っているが、いま見たら或いはそれほどでないかもしれない。とにかく私と同期に入社した編集者が白井喬二さんの係りで、半年ほど通った後、雑誌記者に見切りをつけて文藝春秋を辞めてしまった。

辞めるとき、その原因を聞いたところ、白井さんの立派な家へ通って、原稿料が入った大きな包みを渡すとき、自分の薄い月給袋の中身が思い出されて、急に編集者商売がイヤになったというのである。辞める原因は、もちろんこれだけではないが、これはいまでも若い編集者がしばしば陥る悲哀であって、そもそも自分の月給袋と作家に渡す原稿料の厚さを比較するのが間違いのモトである。その点、編集者は銀行員の心がけを範とすべきであろう。

近頃は、原稿料は直接、営業部から小切手で作家のところへ届けるようになったので、こういう悲劇は少くなったと思うが、しかしいまでも急ぎの時など、編集者が稿料持参で出かけることがある。こんな時に編集者の悲哀を感じているうちはいいが、そのうちに、つい作家の原稿料の現金に手をつけて借りたりする不心得な者が出てくる。編集者の名誉のためにしるすが、こうした例は極めて少い。私の社でも戦後にただ一回、そういう例があった。大抵のことには寛大な社ではあるが、作家の原稿料に手をつけるということに対しては仮借されない。即日、馘首された。

白井さんはいつも天神様のようなヒゲを生やしていて、温厚なる長者の風があった。このごろ、稀れにお目にかかるが、殆んど二十年前と風貌が変りないのに驚いてしまう。

おなじように、二十年来、齢をとるのを忘れてしまった人に吉川英治さんがいる。私は吉川さんの係りではなかったが、やはり私と同期に社へ入った鈴木俊秀君が係りであった。吉川さんの原稿が遅いのはいまも昔も変りないが、鈴木の話を聞くと、いつも泊りこみで、だいぶ苦労したらしい。

そのうちに、いつの間にか鈴木は吉川さんの表町の家に入りこんで、書生とも食客ともつかない役をするようになった。もともと鈴木は身寄りのない独り者だったので、身軽なせいもあったろう。下宿代と食費がロハであるから、鈴木は月給をフルに費《つか》えるい身分になった。私は同期生では特に鈴木と気が合ったので、彼のところへ遊びに行きながら、表町のお宅でしばしば往年の吉川さんにお目にかかったわけだ。

その後、吉川さんの語るところによると、鈴木は、実に見事な居候ぶりだったらしい。吉川家出入りの魚屋や八百屋は「きょうは若旦那のお好きなものをもってきましたよ」と、当時、新婚早々の吉川夫人にいったというから、彼の心臓といい風格といい、相当のものだし、主人も主人でよくこうした人物を食客として好遇してくれたものだと思う。吉川家は当時からいろいろの客が集まる家で、しかも客の方が何となく主人より大きな顔をしているところが一奇であった。吉川さんはいつも徹夜で原稿を書き、昼間はニコニコしてこの客と相対し、談論風発であった。

いずれにせよ長閑《のどか》な時代である。編集者にとって、それは牧歌時代といってよいかもしれぬ。流行作家の応接間には、雑誌記者が三、四人も屯《たむろ》し、昼飯、晩飯を御馳走になって、原稿の出来上がるのを待っているのである。菊池寛氏のところなど、同じ講談社の人達が三、四人いつ行ってもいた。キング、講談倶楽部、富士、婦人倶楽部の記者であった。菊池さんはこの人達を相手に将棋をさし、その暇に書斎へ行って、三、四枚ずつ原稿を書いては渡していた。よく順序を間違わないものだと思った。現代の流行作家の応接間も、似たような風景であるが、どこか慌しさがあるようである。編集者の方も事務的になっている。時の勢が然らしめたのである。

ファシズムの跫音

昭和十三年二月一日に、いわゆる教授グループ事件が起った。この日の早朝、東大の大内兵衛、有沢広巳、脇村義太郎の三氏ほか各大学の進歩派といわれた教授数人が警視庁に検挙された事件である。

それまでに共産党に対する弾圧はしばしば号外などに出ていたが、足許に火のついたような感じを受けたのはこの二十年前の教授グループ事件であった。これらの先生方に私はなんの個人的な面識もなく、仕事の面でも特別の関係はなかったが、この出来事を報じた号外を社で手にしたとき、愕然たる思いに捉えられた。心屈するままに、レインボー・グリルのパーラーに降りて行った。眼の前をいろいろな人が平和そうに、また楽しげに通ってゆく。なかには社と関係のある作家もいたが、私はただ腹が立って、だれとも口をきく気がしなかった。雑誌記者になって初めてのショックであった。私は共産主義に対しては最初からあまり強い同情はなかったが、いわゆる自由主義の人達に対しては親近感をもっていた。これらの教授たちが検挙されたのは如何《いか》なる理由によるのであろうか、私には到底、彼らが留置場にブチ込まれるようなことをしたとは考えられなかった。ただ感じられることは、怖ろしいファシズムの跫音《あしおと》が、とうとうわれわれの仕事のすぐ隣りまで来たということであった。正確にいえば、私たちの仕事のなかへ入って来たというべきであろう。

これからくる怖ろしい時代の予感に暗澹たる思いがした。

思いは同じかしれぬが、同僚たちもみなレインボー・グリルに集まって、いったいこれから社会はどうなるのか、或いは雑誌の存立はどうなるのかということを、真剣に、またヤケクソに語り合ったことであった。こういう席の常として、中には情報通がいて、何かと予測を立てていた。私がいえたことは、日本に中産階級というものがあり、同時に自由にものを考える人間が残っている限り、われわれの雑誌は出し得るし、またわれわれの仕事は存続ができるが、これらがなくなったときには仕事はなくなるのだということであった。

それ以来二十年、大きな戦争のため、日本の健全な中産階級にかなりの動揺と入れ替えはあったが、結果としてその階級が存続し、自由と善意でものを考える人がなくならなかったことは倖せであるが、思えばこの二十年の月日はきびしい試煉の時代であった。

この教授グループ事件以来、急速にジャーナリズムは変貌を遂げたと思う。みずから新時代便乗のポーズをとる人が急速にふえてきた。私の同僚などでも、「これで新しい時代が来たよ」と広言した人のいるのを見て、愕然としたものである。いままで自分とおなじような考えをもち、おなじコースにあるものと思っていた人が或る瞬間からガラリと変った言動をする。また自分のいうことが正しくその人に理解されていたと思っていたのが、実はそうでなくなったのだ。しかも、その理由すら、わからない。これはあらゆる時代の変革期に人が経験することであるが、きのうまでの仲間と思っていた者が突如として敵に回るわけである。わたくしは、みだりに人を敵という言葉で呼びたくないが、敵という言葉を実際に遣うのは相手方である。「自由主義は敵だよ。古いぞ」という一言で片附けられ、新しい(?)時代が強引に是認されてしまう。そこに論議もなければ、常識の入る余地もない。怖ろしいことだと私は思う。

日本全体の動きが右へ、右へと動き、そこには筋道の通った考えが通らない。問答無用の強権が支配する。私は敢えていうが、これは怖ろしいことには違いないが、外部から来る攻撃だけなら必ずしもわれわれに挫折感を抱かせない。自分自身にやり切れなさと虚無感をもたせるのは、外部のこういう変化ばかりでなく、むしろ同僚や社の内部に起った精神的断層である。外の敵に対してはわれわれは比較的容易に堪えられるが、内部に起った違和感に対してはタマらないのである。

当時の言論の急変化に対して、私はいまでも自責と無力感をもたざるを得ないが、もしこの勢力が外部だけであったならば、われわれはもっと強くこれに対して反撥できたであろう。しかし内部からくる、なんともいえない陰惨な暗い影に対しては、自分ではどうにもできず、ただやりきれなさのみが残って、これと正しく闘うということができなくなってしまったことを正直に告白しなければならない。時代がいよいよ右翼になると、これらの人達はいよいよ右に偏って行った。いうことはいよいよ支離滅裂であるが、熱情はいよいよ強く、熱情のみによって、むしろあらゆることがジャスティファイされるような印象さえ与えるようになった。

朝、社へ出勤してみると、この人達の或る人は声高らかに自分の机で古事記を朗誦している。或いは日本書紀を朗誦している。

そして私の顔を見て、これ見よがしに、日本精神のないヤツがやって来た、というような顔をする。ものに憑かれたようなこの人達の姿を見ることは私には苦痛であった。毎朝、社へ出て、彼らの顔を見るのが、心重かった。彼らはなにかというと、現代の日本ほど国体明徴、天皇陛下の有難さが忘れられた時代はない、と慨歎する。私もたまには相手になって、

「そんなバカなことはないよ。最近、岩波から出た『ベルツの日記』を読んで見給え。ベルツは日清戦争前後、日本へ来て、天長節に国旗が揚がらないのを見て歎いた。どうして日本人というのは自分の君主の誕生日に対して、こんなに無関心なのかといって歎いている。その頃と較べていまの日本は、国旗を揚げ過ぎる時代ではないか。国体明徴といい、天皇への帰一といい、現代ほどこれが強く意識的に強行されている時代はない。日本の歴史を冷静に読んで見給え」

と私はいったが、到底こんな議論が通る時代ではなかった。天皇を意識的に政治家が利用しはじめたのは、明治になってからは、岩倉具視が最初である。そんなことは、彼らは何一つ知らない。速製の革新派歴史観ばかり読んでいるのだから手がつけられない。昼になれば昼飯の弁当をいちはやく開き、うまそうに――ほんとうはうまくないんだが、弁当を食べて、時局に即応したつもりのこうした人達の気持は、私にはわかったような、わからないような、ただやりきれなさだけが感じられたのである。

ほんとうの敵はむしろ内部にあるといったが、これは同時にもう一つ拡大していうと、同業者にあるといってもいい。時代の変革と共にいちはやく扮装を変えるのは個人ばかりではない。出版社もその例に洩れない。いちはやく時代の要請にこたえたと称する出版社がいくつも出てきて、そして業者の会合などで、常にヘゲモニーをとり、一番時代にかなった便利な言葉を濫発する。

戦争がはげしくなった頃、出版社だけの会合があった。報道部の軍人なども同席していたが、その席で、某総合雑誌の編集長が立ち上がるなり、

「今夜の会合には、国賊的出版社の者が同席している。わたくしは彼らと同席するのを快しとしないが……」

といって、ジロリと、『中央公論』と『改造』の人たちの方を睨め廻したのである。演出まで考えて大いにブチまくり、自分の雑誌がいかに愛国的であるかを大宣伝したの

である。他を国賊とののしって、自らを直とするその態度は陋劣を極めたが、これは出版界だけでなく、国をあげてのいやしむべき風潮であった。

「こんな口惜しかったことはない」と、当時の『改造』の若い記者がわたくしに語ったことも、この際付言して置きたい。

これからのちにどのような時代がくるかわからないが、われわれ古い編集者が、懺悔とともにこれからの若い編集者にいい得ることは、もし将来、再び暗い時代が来た時、敵は外にあると同時に、もっと強く内部にあると覚悟してもらいたいことである。

雑誌ツブすには――

雑誌に対する外部的な圧力といえば「検閲」である。だいたい事業体への圧迫といえば、金融的な圧迫が一番いたいが、出版社というものは金融的に初めから問題にされていないから、これはたいしたことはない。それより統制時代に入って用紙の面で圧迫される方がコタえる。これが戦争中も、軍人と革新官僚によって利用され、戦後もGHQによって利用されたが、そのことは後述する。紙でイヤガラセをして、それから奥の手を出す。「雑誌ツブすには刃物はいらぬ」、検閲を強化して、発禁をつぎつぎとあびせかければ、経済的に参ってしまう。左翼雑誌をつぶしたのは、この方法であり、一般の雑誌を為政者の意のままにすることが出来たのも、この検閲というハサミであった。

検閲は最初警視庁がやり、つづいて内務省がやるようになった。実際に削除命令は出さなかったが陸軍省報道部、海軍省報道部もその独自の立場から雑誌を検閲して、憲兵隊に命じて削除することができた。のちにこれらが統合されて情報局が統一的に検閲をした。しかし検閲は一元化するどころか、いよいよ多岐になり、のちには大政翼賛会まで検閲することになり、『中央公論』に載った佐々木惣一博士の論文が、大政翼賛会の性格を歪めて批判したものであるというので、翼賛会の横車によって発売禁止になった例まである。自分の雑誌ではないが、こいつはタマラないなと思ったことである。

とにかく一ヵ所の網を逃れても、他の網が待ち構えている。幾重にも張りめぐらされたこの関門をうまく潜《くぐ》って雑誌を出す、少くとも自分にとって良心的と思われる雑誌を出すことが如何《いか》に困難であったかは、今日では到底想像もできない。まるで軽業であった。一たびこの検閲が不許可になると、ただちに発売禁止処分が出る。

だいたい雑誌の見本は発売四、五日前に出来上がるが、この見本をもって、すぐ検閲当局へ提出するわけである。それから専門の検閲官が読んで、不許可になると、ただちに警視庁から呼び出しが来て、その旨を伝えられる。編集長は雑誌を校了にし、やっと見本が出来て、ホッとすべきところであるが、当時はその四、五日間が最も不気味であった。（果たして今度の文章のあの個所は無事に検閲が通るであろうか。○○や××で消したつもりだが、まだ安心は出来ない。）心はいつも不安であった。思いもかけないところに陥し穴があって、そこが当局の忌諱《きい》に触れるということもあるわけだから、年中ビクビクである。雑誌が出来た喜びなど更になく、これが無事に書店に出て、読者に渡るまでは戦々兢々たるものである。発売禁止、或いは削除処分は、だいたい書店に出る前に決まることが多かった。まだ印刷所で製本中のところへやってくると、われわれ編集部員はただちに印刷所に行き、山のような雑誌を一冊、一冊開いて、物指しで禁止になった頁を裂く。編集部員だけでは足りず、社の営業部員も加わり、それに印刷所からも女工さんなんかがたくさん手伝いに出て、何十人の人が雑誌の山の陰にあって、一冊、一冊、むいて行く。その時の侘しさと煩雑さは筆舌に尽しがたかった。

しかも切りとった部分は、それだけをちゃんと枚数をかぞえて、何十万ということを正確に当局に報告しなければならない。また削除済みの雑誌の表紙には印鑑で削除済という判を捺さなければならない。とにかく戦場のような騒ぎであった。

また削除命令が雑誌発売後にくると、警官が出て来て、書店から全部雑誌を警察署に押収してしまう。そのときにはかなりの部数がもう売れているが、しかし、やはり警察へ出かけて行き、押収品が置いてある演武場へ入って、そこでいちいちおなじような切りとりの作業を行う。手塩にかけてつくった雑誌が、今や押収品なのである。泣くに泣けない気持だった。

今日から考えれば、悪夢のような時代であった。今日の常識からいえば、ごくつまらないところでも、そのときの検閲官の心証如何《いかん》によって、アッサリ処分されてしまう。そうなると雑誌に疵《きず》がつき、どうしても売行きに大きく影響し、編集長は形式的ではあっても辞表を書かなければならない。編集長は、辞表を懐に、菊池寛氏の家へ行ったが、いつも菊池さんは、「まあ、しかたがないよ」といって、慰めてくれた。しかしこちらの気持は慰められたぐらいでは納まるものではない。こんないやな思いをするなら、孫子の代まで雑誌記者はさせまいと、当時、思ったことである。

それを思うと、戦後は隔世の感である。雑誌が出来たとき、見本を手にして、無条件に喜ぶことができるいまの編集長、並びに編集者は幸せだと思う。この自由を、なにものにも代えがたく、わたくしは思っている。

近ごろ、ある席で前警察庁長官の石井栄三氏に会ったところ、「池島さん、むかしアナタに会ったことありますよ」という。オヤオヤ、警察には御厄介になったことはないがと思っていると、「わたしが警視庁の検閲課にいた時、アナタがゲラ刷りをもって、よく見えていましたね」

というのである。話し合ってみれば、石井さんも若い事務官でそこにいたのであり、わたくしは編集長に命ぜられて、「危い原稿」をゲラ刷りにして予め内閲してもらうため、よく警視庁へ出かけて行ったものである。

「ああ、そうですか」

というので、今は昔の物語は終ったが、わたくしにすれば苦い想い出を、もう一度味わったわけである。もっとも石井さんも職務でやったことであり、別に不愉快な記憶がなかったのは幸せであった。

想い出す人のことども

日本は急速度に戦争に向って進んで行った。教授グループ事件の翌年、昭和十四年五月にはノモンハン事件があり、おなじ年の九月にはヨーロッパに第二次大戦が勃発した。ノモンハン事件は新聞に出ていたとおりであるが、最後には日本始まって以来の大空中戦が戦われていたのだ。

その頃、私の雑誌で、ノモンハンの空中戦に参加した陸軍の航空将校だけの座談会があった。みな鼻息の荒い連中で、座談会は実戦の実感に溢れていて、興味深いものであった。ただこの航空将校は爆撃機と戦闘機と両方の人を選んだのであるが、座談会も進み、酒も相当まわった頃、出席者が二手に分れて、喧嘩を始めてしまった。それは爆撃機の連中が、

「戦闘機のヤツ等は途中まで援護についてくるが、敵の戦闘機が現われると、いつの間にかいなくなってしまう。こんな意気地のないヤツはない」

と罵ると、戦闘機側のほうは、

「オレ達がいくら援護しても、敵が出てくると、爆撃の連中はところかまわず爆弾を落として、サッサとうしろ向きになって逃げ出してしまう。犠牲はいつでも戦闘機が背負わなければならない」

といい返し、問答無用になって、とうとう抜剣して立ちあがってしまった。

その司会をしていた私は一時はどうなることかと思って、真ッ青になってしまったが、一人、年配の将校がいて、うまく捌《さば》いてくれた。なるほど新聞だけ読んでいれば、「精鋭無比の陸鷲」であるが、誰だって命は惜しいのである。実際の戦争というものはそうした形で現われるものかと、そのとき一つ、学問をしたわけである。

それからつづいて独ソ戦の勃発になり、ジャーナリズムとしては、この上ない事件にぶつかった。ドイツ軍の破竹の進撃も物凄かった。

当時、外務省の調査部嘱託に富士辰馬というソ連専門家がいた。ソ連の書物などを訳したので、いまでも知っている人が多いと思うが、その頃、外務省へ行って、富士さんに会ったところが、富士さんは、

「実に天下の大見ものが勃発しましたね。ドイツとソ連が正面からぶつかるなんていう

のは、これ以上の歴史的な取り組みはありません。生きていて、こういう大勝負を木戸銭なしで見ることができるとは実に愉快ですな」

といって、渋い顔をした人だったが、実に面白そうに私に語ったのを憶えている。

野次馬としてみたら、なるほど、これほど天下に面白い勝負はない。富士さんはただ野次馬としてだけいったのではない。本人は皮肉を含めて、或いは鬱屈した気持をそこで爆発されたものと思うが、独ソ戦というと、いつでも私はこのときの富士さんの言葉を思い起す。富士さんはこの世紀の大勝負の結果を見ないで病気で亡くなったが、日本はこのドイツと組んで、血みどろの終幕まで引きずりこまれ、木戸銭といえば最高の木戸銭を支払わされたことは皮肉であった。

近衛新体制が世上に叫ばれ出したのは、十五年六月である。近衛さんは軍部に引きずられた日本がやがて最悪の事態を迎えることを憂えて、軍部を牽制するために「新体制」という不思議な言葉を発明して、政治力の結集を図ったのであるが、結局は軍部と官憲とに乗りとられて、近衛さんの考えとは正反対の方向に行ったことは、すでに周知のことである。しかし雑誌ジャーナリストにとって近衛さんのいった新体制という言葉は極めて魅力のあるものであった。ジャーナリストは少くとも近衛さんの善意を信用したし、今のままでは困るという意味で近衛さんの考えを支持したことは、当時の総合雑誌の目次を読んでみれば一目瞭然である。国家の新体制に応じて、雑誌編集者も新体制をつくらなければならないという騒ぎまで起ったのである。

羽仁五郎氏の名前はこの頃あまりジャーナリズムで聞かないが、私にはちょっとしたエピソードがある。たしかイギリス香港攻略百年かなにかを記念して、香港について書いていただくべく、私は羽仁氏を訪問した。羽仁さんは当時、南沢におられた。玄関を叩くと、すぐ現われて、「私が羽仁ですが」といって、「いま仕事中なので、失礼だが、ここで御用件を聴きたい」といった。私は編集部の意図を伝えて、原稿をお願いしたところ、「いまあまり書く気がしないから」といって、断られた。そして却って逆に、

「どうです、今度の欧州大戦の将来は」

と訊いた。そして本人は私の答を待たずに、なにか、心、激した調子で、

「ドイツがいま、いくら破竹の勢いでフランスを席捲しても、やがて同盟国の反抗に遇って負けますよ。必ずドイツは負けます。こんな国と日本が組んだら大へんだ」

と、玄関で言った。私は立ったまま、茫然とその羽仁さんの顔を眺めていたが、さすがに歴史家だけあって、将来をハッキリ予想されたことに敬意を抱かずにはいられない。

またそれと同時に想い出されるのは、宝伏高信氏のことである。羽仁さんといい、室伏さんといい、いまはジャーナリズムではどちらかというと、不遇の地位にいるが、室伏さんの場合は、これはもっと勇敢であった。

当時、陸軍の報道部の将校たちと総合雑誌の編集者の会があって、月に一度、会食し

た席においてであったが、東亜新秩序とか、新体制とかいったのに対して、『日本評論』の編集長をしていた室伏さんが突然、「いまの政治は軍の政治で政府は名ばかりである。日本の国内で、ろくな新体制も新秩序もできもしないのに、あの歴史も古く、国民も賢い中国人に見せかけだけのスローガンをいって呼びかけたって、相手にするものか。ゴマ化しではダメだ」といった。

すると同席していた鈴木庫三少佐が顔を真ッ赤にして、「なにをいうか。お前はこの聖戦を否定するのか。キサマのような奴は切り捨てる!」といって立ち上がり、これもまた、軍人の習いで刀を抜こうとした。見ていて、ハラハラする場面であったが、そのときも大勢の人が同席していたので、なにかととりなして、それ以上のことはなかったが、蒼白になった室伏さんは飽くまで、鈴木少佐を睨みつけ、「どうしたって、お前のいうことナンか、きくものか」という気概を見せた。軍人のいうことといえば、なんでも諂《へつら》い、或いは無条件で聞いていた時代である。名のある評論家が、軍人を目の前にして直言した勇気も、私はここに記しておく必要があると思う。

当時、陸軍も海軍も、総合雑誌の指導というふれ込みで、しばしば雑誌編集者と会食する機会をつくった。検閲というような形で禁止処分で脅かすと同時に、指導という形でわれわれを一方的に指導しようとしたのであろう。中にはそういう意味でなくて、編集者といろいろ時局を語り合って、その気持を知ろうとした軍人もいたが、だいたいにおいて一方的な指導色の強い会であった。

　その頃、排英運動というのがあった。これは天津の租界問題などから火がついた問題であるが、排英運動の大会があちこちに開かれた。アメリカには触れず、イギリスだけ叩こうという軍人らしい単純で見え透いたやり方であって、かなりの数の右翼がこれに動員された。某総合雑誌もこれに便乗して、排英講演会を開催した。よく内情を聞いてみると、陸軍報道部の某中佐から、その雑誌の編集長にその費用の金が出ているらしかった。軍人は一たび金をやると、相手に対する態度がガラリと変るものである。その頃の或る会合で、その中佐が私の前で、「あいつ」とその編集者を指さしながら、「あいつの顔を見るとアレを思い出すよ」といって、ひじょうに下品な言葉を吐いた。聞くに堪えない猥雑な言葉であった。本人はそんなことは知らないから、酒で座が乱れ出すと、わたくしの前へ来て、「お前は大体、こんな席で固苦しい顔をしすぎる。くつろいで、みんなとたのしめ。まあ一杯やれ」とやられたのには御挨拶に困った。軍人が威張り出し、しかも彼らに睨まれないために、雑誌記者の中にはかなりこういう席で軍人に媚態を示す人がいたが、彼らにその面貌をこんな比喩で侮辱された編集者はこの人、一人である。わたくしはその晩、耐えられぬまま中座した。

　戦い破れてから、軍人の悪口をいうことが多くなり、これが一つの流行のようにさえなった時代があったが、しかし公平に見て、軍人にもいろいろあったと思う。率直にいって、いまでも好感をもっているのは、「ダマレ！」の佐藤賢了氏と海軍の高木惣吉氏である。

佐藤さんは陸軍報道部長として月に一回、われわれを集めて、戦況の説明をしてくれたが、実に礼儀正しく、且つ男性的で、私はいつも好意をもっていた。これが「ダマレ！」と叱咤した人とは思えなかった。その説明もこういう席にありがちのおざなりのものでなく、ときにはかなり突っ込んだものがあった。当時、支那事変の台児荘《ダイジソウ》の戦いで磯谷師団が苦戦した時、悲壮な顔をして、

「日本はこの戦闘にとっておきの武器を出した。ヘタをすると、これから消耗戦に引きずりこまれる。いま、第二次国防五カ年計画を強力に遂行しているが、この国防計画が万一、不成功に終ったときは、日本は支那に対しても敗北します」といい切った。

軍人の口から「敗北」などという正直な言葉を聞いたのは、このときが初めてであるが、その後、現われた支那事変戦史を読んでみて、台児荘の戦闘がいかに今日の戦争の大きな一つの転機であるかがわかり、いまさらながら佐藤さんの、あのときの悲壮な顔が思い出される。

高木惣吉氏の場合やはり月に一度ほど太平洋問題研究会という名前で、われわれが呼ばれた。陸軍の会と違ってこの高木さんの会は極めて気楽な会で、高木さんの説明を聴

いていると、ちょうど大学の先生の講義を聴いているような気がした。やはりかなり突っ込んだ話で、戦争の帰趨に対しては私なりにひじょうに得るところがあった。ときどき実戦から帰った海軍将校も呼ばれて、その話を聴いたのであるが、陸軍と違って海軍の場合は強がりがなくて、なるほど戦争はこういうものかという実感をもつことができた。

戦後、高木さんの「終戦覚書」が『世界』に現われたとき、なるほどと合点が行ったので、私のほうにも原稿をお願いした。これが「連合艦隊始末記」であり、そのときの雑誌が売り切れたのを憶えている。

真珠湾まで

昭和十五年の春、社内移動があった。私は雑誌『現地報告』の編集長になった。入社七年目で、はじめて編集長になったわけだ。この雑誌は支那事変勃発とともに『文藝春秋』の臨時増刊として出発したものが、新しい月刊雑誌になったものだ。それまであった『話』は廃刊され、その要素もまた、この『現地報告』に盛りこまれることになった。年若い編集長として、私は大きな責任を負ったわけで、無我夢中で仕事をした。

「米英撃つべし」とか、いろいろなことがいわれていたが、私は必ずしもそういうスローガンには迷わされなかったつもりである。日米交渉が始まり、その難航につれて、戦争勃発の気構えが至るところ現われてきた。私も日本の何かいうと武力中心の空威張りに、不信と不快の気持はもったが、しかし一歩、一歩、日本の息の根をとめようとしている巧妙なアメリカのやり方にも、痛憤を感じないわけにはいかなかった。ただ、対米戦争は常識として到底考えられないというのが、私の気持であり、また誰が政治の衝にあたっても、そういう無謀なことを始めるわけはないと信じていた自分の甘さも省みられる。

教授グループ事件以来、ジャーナリズムは刻々と顔触れが変り、この二、三年の総合雑誌の目次を見れば、そのことが一目瞭然である。自由主義的な考えをもつ筆者は退けられ、新しい顔触れの筆者が登場してきた。新しい執筆者には二種類あった。第一はいままで比較的不遇な人達で、新しい時代に棹さして、改めて自分を大いに売り出そうという人達である。簡単にいえば便乗者である。ほんとうの信念でなく、とにかく自分を売り出すことばかり考えていた。第二のほうは、「ほんとうに神がかりの気持になった人である。この人達は無邪気なのか、或いは批判力がないのかわからないが、心から新しい時代の到来を信じ、「聖戦の本義」ということを唱え、日本の力が世界の指導的立場に立っているかのごとき無邪気な陶酔に陥っていたのである。

そのいずれも一種の志士気どりで、なんとなく時代錯誤の感じが強かった。しかし時代錯誤といっても、この人達からいわせれば、私なぞのほうが時代錯誤であったかもしれない。彼らは尊王攘夷を叫び、なにか浪花節のような議論を展開した。文章も比較的上手な人が多く、一種の古風な調子が新しい読者を惹きつけたようである。しかし私はこの志士気どりが、たまらなくイヤであった。

よく私は冗談めかして、「維新の志士は夜中に戸を叩かれると、刺客が来たものと思って、刀をもって立ち上がったものであるが、現代の尊王攘夷の志士は夜中に戸を叩かれると、雑誌社から原稿の御注文が来たと思って、ニコニコして玄関に現われるじゃないか」といった。

少しひどい言い方ではあるが、そう感じたことは、今日でも変っていない。国家や民族の危急に際して、いかに間違ってはいても、心からそう思って協力した人に対しては私なぞ何もいう資格はないが、しかしこれを好機として自分を売り出す便乗者はタマラない。

二十五年も雑誌編集者をしていると、いろいろな執筆者と長い間のつながりがあるので、どの人がどの時代に、どういうことを言い、且つ書いたか、わたくしなど知悉している。そのために、このごろではむしろ昔のことが目障りになって、その人達の現在の仕事に対して、どうしても古い眼鏡で見るようになる。あんな進歩的なことを言ったたって、戦争中あんなバカなことを大マジメに書いたじゃないかと、すぐ思い出す。已むを得ないことと思うが、心のこだわりを感ぜざるを得ない。そういう自分だって、愚かなことは限りなく言ったりしているのである。

編集者があまり古くなると困るというのは、一つにはこの意味である。若い、なにも知らない編集者のほうが、新しいことをいう筆者に無条件にとびついてゆく。筆者もその気持に応えて、いい仕事をしてくれるものである。この純粋な気持が雑誌編集者にとって最大の武器なのである。

いたずらに過去に対して批判的になったからといって、なにもそれほど雑誌の役に立つと思われない。正しくいえば二十年、三十年で人間の考えはそんなに変るものでなく、長い眼で執筆者を見るのが正しいのであるが、現代のようにめまぐるしいジャーナリズムでは、書く人と、書いてもらう者との気合いと気合いの出たところ勝負である。

昭和十六年十二月号の『現地報告』が発売禁止になった。それは蠟山政道氏にお願いした「日米交渉論」が当局の忌諱に触れたのである。この論文の要旨は、要するに、日本もアメリカも世界史の観点から見ると、アジアに対しては後進国として出発した。一歩遅れて世界政治に乗り出したわけである。それをいままで歴史的に見て、日本にとっても、米国にとっても、その本来の地盤であるアジア及び太平洋に対して、本格的な指導的役割を演じたことはない。そこにあったのはイギリスを初めとする西欧諸国の勢力の所産であったに過ぎない。満洲事変以後、イギリスはアジア及び太平洋における地位を失墜し始めたが、それを巧妙にアメリカに肩代りして貰うように努めている。しかし要するに、日本とアメリカは太平洋政策において、いずれも経験が浅く、そのため今日のように、日米交渉が八カ月の長きに亙《わた》ってつづけられているのは当然なことである。それは決して偶然ではなく、日米関係の構造そのものから来ている、という立場であって、結局において、後進国同士の争いであるならば、そこに日米交渉事態の妥協の余地があり、「元来そうした方向への日本の主張には十分の正当さがあるから、これに合理的な内容と体裁とが与えられれば、今回の日米交渉も成立の可能性ありと信ずる」で、終っている、原稿用紙二十枚ぐらいの短い文章である。

日米交渉は難航を重ね、到底、一朝一夕で纒《まと》まるとは思われない。しかしこれがただちに決裂して、戦争になるとも思えない。そこに私の「読みの浅さ」があったわけだが、なんとか妥協して欲しいという自分の希望的観測がこの論文を、結果において、載せたことになる。この原稿を読んだとき、当時の常識からいえば、「これは少し危いかな」とは思ったが、敢えて決心して載せたわけである。ところがこの論文全体がいけないというので、これが削除処分になり、発売禁止になったのは、皮肉にも戦争が始まる数日前であった。「日米妥協の余地あり」などという論文を載せて、しかも十二月八日の開戦日を迎えた私の気持は複雑であった。

社内の革新派諸氏からは白い眼で見られ、自分自身の甘さを自ら責める気持もあった。

私はそれからしばらくして出版部長に転勤させられた。雑誌をやらしておくと、また検閲に引っかかるものを載せるからという心配もあったのであろう。また再びそんな事を起して、若い身にキズがついても可哀そうだという慮りも、上層部にはあってのことであろう。戦争中は出版部長として、書物を出し、やがて満洲文藝春秋社へ転勤になって、新京に行くことになり、それから戦争が終る直前まで、ほんとうの意味で雑誌『文藝春秋』の編集に携わる機会はなかったわけである。

なお蠟山先生の論文で発禁処分をうけたことは、後に追放問題と関連してくる。太平洋戦争前の雑誌編集長は殆んど全部といってよいくらいGHQによって追放指定をうけた。わたくしもそのケースに当るので、戦後、その覚悟をした。

当時、文藝春秋は新組織成り、新社はスタート早々であり、ここで去るのは心残りであった。しかし、仮指定をうけてあきらめていたところ、この論文と発禁処分が反証となって、一転して追放を免除されることになったのである。あの時追放されていれば、その後のわたくしの生活もずいぶん急変化していたことであろうし、文藝春秋の戦後のコースも若干は変っていたことであろう。感無量のものがある。

十二月八日は、朝起きてみると、日本晴れの実に気持のいい日だった。私は当時、住んでいた小石川高田老松町の家を出て、出勤の途中、老松町の停留場でバスを待っていると、どこからともなく、ラジオが軍艦マーチをやっているのが聞える。何事かと思って耳を澄ますと、ハワイ真珠湾を日本海軍が急襲したという知らせであった。「ああ、これはいよいよ始まったな」という気持だった。しまった、という気もないではなかったが、なんとなくこの一、二年、頭を押さえつけられている鬱屈した気持が一時に破れた気持であった。これは大へんなことになったと思いながら、しかし一方ではなにがしかの解放感があったのは事実である。

社へ出てみると、社は大騒ぎで、ラジオを聴いたり、或いは至るところから情報が集まって、どうやらハワイ空襲が歴史上、稀れに見る成功であることがわかってきた。

この日の午後、実は情報局へ行く予定があった。それは文藝春秋の文芸講演会で台湾へ行くことになり、その打合せを兼ねて、文士諸氏と情報局へ行くことになっていたのである。当時、たしか帝劇にあった情報局へ行ってみると上を下への騒ぎである。とても台湾海峡を悠々と船で行けるような事態ではない。一応、この計画は中止して欲しいという希望が出て、私もそれは当然だと思った。だれもかれもこの歴史的な大事件に巻きこまれた興奮で、満面を輝かしていた。しかも予期していなかった大きな勝利に、至るところ沸いていた。

その日の夕方、家に帰るべく大阪ビルにある社を出て、新橋へ向ったが、別にだれがどう命令したのでもないのに、銀座は薄暗く、燈火の管制が自発的に行われ、喜びのなかにも、なにか不気味なものをそのなかに孕んでいたのを、よく憶えている。「戦争、戦争」と呟きながら、暗い階段を一歩一歩下って地下鉄に乗った。大勝利のニュースにいつまでも酔ってはいられなかった。この戦争を予想して、自分は何をし、何を考えたかと思って、心は晴れなかった。この戦争が最後まで大勝利で終るとは到底思えない。どの程度で戦争が済むのであろうか……。

それから十七年後、正しくは昭和三十三年三月に、私はハワイの真珠湾をはじめて訪れた。真珠湾を見物する観光客の一人として、数十人のアメリカ人と一緒に、案内の水兵さんのユーモラスな説明を聴きながら、ランチに乗って比較的小さな真珠湾を一回りした。そこはなんの奇もない、ただ美しい軍港だった。十数年前、どこであんな激しい戦いが行われたのであろうか。

見れば真珠湾の入口は小さく、ここからどうして特殊潜航艇が忍び込むことができたのであろうか。真珠湾を抱く陸地は砂糖黍、パイナップルの畑で蔽われ、それが遙かに遠く霞んだところに、ハワイの脊梁山脈が燃えるような紺碧の空の下に輝いていた。日本機動部隊の放った攻撃機の大梯団はこの脊梁山脈をスレスレに越え、低い高度をとって、砂糖黍畑の上を這い、暁の真珠湾に殺到したのであった。このときの特殊潜航艇や海軍航空隊の若い戦士たちは果してどんな気持であったろうか。ドタン場まで追い詰められた日本は、このままでは滅びるかもわからない、自分たちがここで死ななければ、日本を救う道はないと信じたに違いない。この人たちの追い詰められた気持を、わたくしはヒシヒシと感じながら、涙が頬を伝うのを止めることができなかった。いつの世でも愚昧なる政治の償いをさせられるのは、何の非もない若者の血である。

戦時下の雑誌を作って

まつろわぬもの達

真珠湾の勝利より驚いたのはプリンス・オブ・ウェールスを沈めたニュースを聞いたときである。戦争の革命が来たと、そのときは思った。

航空機が超弩級の戦艦と正々堂々と正面からぶつかり空から仕留めるということは、話には聞いていたが、困難であると思っていた。それが簡単（?）に沈んだのだから驚いた。航空機は、必ずしも新兵器ではないが、その用い方によって、兵術上これほどの大革命を与えたということが驚異であった。

長篠の合戦で織田信長が、当時の新兵器である鉄砲を、新しい構想の下に集中的に使用して、数十年にわたって鍛え上げた武田の精鋭を一挙に壊滅させた、そんな故事を思い起したりして、これならば或いは戦争もなんとかなるのではないかと思った。四年間の太平洋戦争の間で、これはイケそうだ、という気がしたのは、このニュースを耳にした数日の間だけである。

文字どおり戦勝の春が明けて、東京の正月は大戦争をしていると思えないほど、浮き立ったものであったことを憶えている。そのとき、平服を着た海軍の平出報道部長が新橋の美妓数人を連れて、銀座街頭を歩いているのを目撃した社員があった。相次ぐ勝利の連続で、海軍の評判は素晴らしかった。ところがその余慶が、まず最初に報道部のハイカラ将校のみに及んでいるのを見て、苦笑させられた。軍人の全盛時代であったが、必然的に軍人の堕落時代でもあった。軍人が民間人と接触すると、急速度に堕落する。戦場に立てば、ずいぶん立派な人達が、腹に一物ある民間人と親しく接する地位に置かれると、アッと驚くほど早くイヤらしくなるのである。

そのとき思ったことであるが、だいたい軍人教育が片輪だったと思う。士官学校でも、海軍兵学校でも、社会から隔絶した環境に置き、軍人精神を叩き込むというやり方である。軍人だけで一生過ごすなら或いはそれでよかったかもしれないが、これが一たび社会の濁った空気に交わると、案外に抵抗力がない。ちょうど山奥の結核処女地にいる青年たちが都会へ出て、結核菌に触れると、急速に発病して、手のつけられないほど病気が進行する、そんな状態に似ていた。政治軍人といわれ、今日でもいろいろ軍部の悪口の代表といわれる人たちは、おおむねこの経過を辿った人たちのように思う。

さて、開戦直後に発刊された昭和十七年『文藝春秋』新年号の「文藝春秋」の欄を見てみよう。これはいままで文壇ゴシップや評論のコラムであったものが、開戦近しとみて急速に社説の体裁を整えたものである。雑誌が思想戦指導を任務とするかぎりは、社説欄も当然なければならないというのは、社内一部の編集者の声であり、その結果としての変貌である。執筆は社内の革新分子であった。

「……明治維新志士の基礎理念たる勤皇攘《う》夷の思想こそは、夷狄を攘ちて日本国家を確立せんとする肇国の理想を顕現せんとするもの、即ち夷狄とはまつろはぬものであって、このまつろはぬものこそ討ちて、討ち尽さねばならぬのである。言ふまでもなく、このまつろはぬものは、われわれの心のうちにすら存在する。以て常に反省して討滅しつくさねばならぬのであるが、われわれはこの攘夷の精神の発露が、今次の大東亜戦争の根底に、炎々と燃えさかるのを知るべきである。この攘夷の精神は大西郷の歿後漸《よう》く《や》文明開化思想のために姿を深く潜めるに到った。われわれは明治初年に於ける廃仏毀釈運動の中に明らかにこの攘夷の精神即ち国体明徴の目標を正しく認識しなければならぬのである。然るに、明治の文明開化思想は、この正しき攘夷の精神を理解せず、これを頑迷固陋なりと蔑みし、これを革新の行きすぎなりと簡単に抑へつけてしまったのである。その文明開化の思想も誤って理解され、今日の英・米依存文明に堕し去ったのである。文明開化の思想は決して本来は日本を忘れたものでは無い筈である。」

まつろわないものはただ米英両国だけでなく、われわれの心の中にもあるのである——即ち米英流(西欧流)にものを考えるのが間違いだとするのである。合理的、科学的にものごとを冷静に考えることを否定する思想である。米英だけを攻撃しているのはいいが、われわれのこの考え方にまでも挑戦する。これには唖然とした。しかも外部の強い圧力を嵩にきたのであるから、たまらない。日本の思想界が瞬時において暗澹とし、陰惨な気分で蔽われたのは、これをもってもも判る。

米英的な考え方もいけないのであるから、英語は敵性語として排撃された。後には日本語の一部になったような英語まで、検閲当局から注意を受けた。テーブルを卓子としなければ、文句を云われるのである。ピストは前線指揮所としなければならぬ。しかし実際に軍はこの簡単なピストという言葉を使っていたのであるから、正気の沙汰ではない。

「綜合雑誌の功罪を云々する前に先づ綜合雑誌の罪障は此際《このさい》はっきり自覚されねばならない。近い例に見て、今次の大東亜戦争の宣戦の大詔の渙発される以前の綜合雑誌の実状をはっきり検討すれば、自ら頭を垂れて慚愧するのである。（中略）われわれは決して利敵のために雑誌を編輯してゐるのではない。われわれはあくまで、日本国民の啓蒙、文化的向上のために雑誌を編輯してゐるのである。大東亜戦争に於ける言論は、前述の如く思想戦の弾丸である。それが利敵のために編輯されたとすれば、その結果は明瞭である。われわれは死を確信して、敵艦を雷撃にむかふ戦士の心をわれわれの心となし、目的物に自爆して突き込んで行く武人の精神をわれわれの精神として、われわれの綜合雑誌を編輯しなければならぬのである。」

最近、この文章を読んで、「これが『文藝春秋』ですか」と訊いた人があるほどである。他の総合雑誌の編集まで、利敵行為をしているとして、攻撃しているのである。

編集局全体の空気は必ずしもこの「文藝春秋子」の国士的精神(?)をもっていたわけではない。いままでひそんでいた社内の尖鋭な革新派が表面に躍り出ただけである。

しかしこれを一つのとび上がり現象として笑っていられない時代が次に待ち構えていたのである。戦争の深刻化とともに用紙の統制が始まる。用紙の統制には必然的に為政者の主観的な判断がまじる。これに睨まれたら、紙を貰えないとなると、社の死活問題である。その結果、当局に評判のよい尖鋭分子がいよいよ主導権をとることになり、社内のバランスが破れる……こういう経過は物理現象のように正確にやってきた。

近衛新体制が叫ばれるようになったのは、日本の最後のあがきのようなものであったが、その波紋は雑誌界にも及んで来た。いまもって不思議なのは、新体制という言葉があたかも万能のお札であるかの如く担ぎ回られ、その内容をくわしく検討するものもなく、絶対のもののようにして各界を横行したことである。新体制と号する、いろいろの報国会が、雨後のキノコのように簇生した。

雑誌は思想戦の弾丸として、米英精神を国内的に打破する目的をもつものと、いつの間にか信ぜられるようになった。いままでの雑誌の編集を左右した機構では、時代の進展に間に合わないというので、社内の新体制運動が起ってきたのである。この際、形の上では立派なスローガンも叫ばれていたが、実際は社内勢力の陰惨な相剋の相として、わたくしの眼には映じた。

新体制とともに社内の新体制を確立しなければならないというので、社員大会がもたれたりした。あの前後の陰惨な空気は、いま思い出してもゾッとするが、しかし社会全体がそういう空気なのだから、なかにいて、カレコレ批判しても、いつの間にか、その思潮のなかに押し流されてしまう。こういう大会こそチャンスであって、愚かしき言論に対して、わたくしなどもっと活潑に発言すべきではなかったかと、今日でも慚愧の念に堪えない。

社員大会では『文藝春秋』のやり方が自由主義の残滓であり、しかも営利本位であるという議論が勝ちを制した。営利本位ときめつける人達こそ、営利の上で胡坐《あぐら》をかいて、いい気な革新思想を呼号していられる結構な身分に気がつかないのである。資本主義体制の下で戦争すれば、軍需産業が儲けるのはあたりまえである。すべてが利潤の原則の下にある時代に、出版業だけが営利でないという思想は滑稽である。しかし時代のスローガンはいつも一種の魔力をもっていた。しかもこうした矛盾にホオかぶりして、結果において、見せかけだけの妙な新体制が社内機構にも生まれてきた。

この社員大会の始まるとき、或る社員が立ち上がって、

「こういう事態になったのは、だれも責めるわけではないが、この際、みんなで総懺悔をすべきである」

という発言をした。

だれも笑わなかったところに、深刻な時代相を見ることができる。この結果、社の重役陣が更新されて、いままで専務として社内の枢機にあった佐佐木茂索氏が副社長という空名を与えられて、追われることになった。

会が終って、レインボーの廊下で、佐佐木さんがいかにも悲痛な顔をして帰って行くのを、私は暗い気持で見送った。その後、麴町のお宅へ伺ったとき、佐佐木さんは、

「まあ東条が腹を切ったなら、僕はまた社へ帰ってくるよ」

といっていたが、やがてサッサと家を畳んで、伊豆の伊東へ引っ込んでしまった。

「東条のハラキリ」など、当時の私には到底思いも及ばざる考えであった。その後、数年ならずしてそのことが実現したとき、私はすぐ佐佐木さんのその時の渋い表情を思い浮べたことである。

無為の日々

新体制騒ぎが始まる頃から、雑誌編集者全体のための新体制として、新しい組織をも

たなければならないという動きがもち上がった。文学報国会の結成、その他、各種の文化団体の報国会ばやりに軌を合わせたものであった。

文藝春秋社では生江健次君が中心で、この組織が着々と出来上がって行った。この組織が日本編集者会である。編集者の時局に対する識見を高めるという目的の、この新組織がスタートした当時は、どちらかというと、近衛さんの昭和研究会の系統を引いた考え方の同志の集まりのようであった。昭和研究会は、戦争の拡大をできるだけ防ぎ、理性的に戦時の問題を処理し、なるべく犠牲を大きくしないうちに戦争処理に入るということを目的とした団体であったと思う。当時においては第一級の、選ばれた思想家、評論家の集まりであった。しかし昭和研究会の実体とその活動の真相は、必ずしも正確に紹介されていない。この際、だれか関係者によって明らかにしてほしい。

日本編集者会は、最初は昭和研究会色が濃厚であったが、やがて軍部がこれに目をつけ、また御用出版社の社員がこの団体に大量に乗り込むということになり、急速に創立当時の色は失われて、一種の戦争協力団体としての編集者組織になってしまった。

私はあまりこの組織に初めから関心をもたなかった。なにか、どこかで、やはり糸を引いているなという感じが直感的にしたのが第一の原因であった。社内ではいろいろの会合がもたれ、気を負うた諸君が何事かを画策しているのを、私は無関心で眺めていた。彼らの善意は信じつつも、インテリが集まって、なにができるかという気持がないでもなかった。問題はとてもこんなことぐらいで事態は解決できないではないか、という気が心の奥深く儼としてあったのは事実であった。

しかし、日本編集者会に入らなければ、編集者としての資格が認められないということになったので、已むを得ず、最下部のメンバーとして入った。そのとき、生江君がわたくしをレインボー・グリルの一室に呼んで、

「あんたは当然われわれと同じ仕事を協力的にやって貰う人なのだが、どうしてそんなに無関心なのか。何事にも強い情熱をもたないのは、あんたの最大の欠点ですよ」

と切言したことがあった。その言葉は素直に心にしみたけれど、やはりわたくしは動かなかった。

その頃、編集者会の或る部会で、尾崎秀実氏を囲んだ会があった。尾崎さんは血色のいい、大へん活力のある評論家、並びに実際家という印象であった。二十人ほど集まった編集者を前にして、彼がした話は要するに、ヨーロッパ、ことにフランス革命以後の知識人というものは、単なる知識の享受者でなくて、常に文化をつくる行動人として存在したということだった。その話を聞いて私はうまい説明だと感心したが、さて自分が今さら何をしたらよいのか、見当がつかなかった。

生江健次君は私より数年遅れて入社した社員であった。阿部真之助氏の紹介で入社したのである。おだやかな人柄で、いかにも良家の子弟といった感じであった。当時でい

う転向者であった。転向者に対しては妙な目を向けるものもあったが、私はあまり気にしないほうで、彼とは比較的仲よくつきあったほうである。のちにフィリッピンの報道班員として比島に渡り、終戦間際に餓死したが、惜しい人物であった。

昨年、生江君と、同じく比島で死んだ江原謙三君、この両名の追悼十三回忌を社のホールでやったが、そのとき、宮本顕治さんが私の席の前にいて挨拶した。その話によると、若き日の宮本顕治氏を誘って、共産党に入党させたのは実にこの生江君だというのに、わたくしは一驚した。

その頃の日々はまったく手も足も出ない感じであった。わたくしの仕事は出版部長で、雑誌でなく書物を作っていればよかった。書物はいまと違って、作りさえすれば売れた時代であるから、そんなに仕事に熱中したおぼえもない。

国策の線に沿った（？）本を出してさえいれば紙の配給もあったし売れたのだから、なにもいうことはない。新聞社の報道班員の戦況報告を輯録して、『ハワイ・マレー沖海戦』とか、『フィリッピン進攻作戦』とかいう本をイージーに作っていれば、紙の特配まであったし、面白いように売れた時代である。とにかく、いま思っても、この一、二年に何をしたかという記憶が、きわめて漠然としている。特別に印象に残るような思い出がない。ただ社にいても面白くないので、家へ帰って本ばかり読んでいたようである。その頃、買ってよく読んだものでは、『新井白石全集』と『田口鼎軒全集』がめぼしいものである。いずれも「時代遅れ」の本だから、古本屋でずいぶん安く買えた。いずれにしても、心にしみて本を読んだ時代である。その当時読んだ書物の群は、数こそ少かったが、いまではわたくしの書棚で一番よい場所を与えてある。わたくしの貧しい読書歴のうちでそれだけのネウチがあると思っているからである。

満洲文藝春秋社の創立へ

昭和十八年になると、社内の応召者続出で、ほとんど半数近くの人が軍務に就いていた。わたくしは兵役は丙種の国民兵で、応召の圏内からは一応はずれていた。しかし、親しくしていた友人や同僚が、続々と戦地へ発つのを見るたびに、なにがしかの心の焦燥を抑えることができなかった。自分だけ平和な内地にいて、しかも精神的な冬眠状態にいる。そのことが堪えられなかった。

雑誌としても当時はだれがやっても、だいたいできた時代であった。用紙の制限こそ受けたが、そのかわり新しい競争誌の出る虞《おそ》れもなく、作ったものはほとんど完全に売り捌《さば》けたのであるから、或る意味では結構な時代である。

一体、新聞社と違って雑誌社には報道班員の制度がなかったが、その頃、珍しく比島派遣軍報道部から雑誌編集者を欲しいという申込みがあり、私は編集局長に呼ばれて、

「どうだ、行ってみるか」といわれた。当時、比島は比較的治安もよく、物資も豊かなところで、仕事をするにはよいからという勧誘であった。しかし私はなんだか心が進まず、断ってしまったのであるが、そのかわりとして、同僚の江原謙三、生江健次の両君が赴任することになったのである。

陸軍軍属の長い剣を下げて、この二人が社に現われたときの私の気持は複雑だった。ただ、江原君のように体格の小さな人が長い剣を下げたのを見たとき、なにか心が痛んだ。この二人もとにかくやはり、なにかしたい、国家の危急時になにか役に立つことをしたいという気持が、彼らを比島の死地へ駆り立てたことは明瞭である。社員のなかでも特に親しくしていた二人が出発したあとの寂しさといったらなかった。

たまたまそこへ満洲文藝春秋社が新京に設立されることになり、その編集長として赴任するようにといわれた。そのとき、二つ返事で引き受けたのには、そういう気持の背景があったからである。

満洲文藝春秋の総責任者は永井竜男さんで、私は満洲で出す予定の雑誌の編集責任者という名目であった。当時、日本でも紙が不自由になったが、満洲は比較的余力がある。(製紙原料として満洲にたくさんある葦、竹などが利用されていた。)これに目をつけて、そこで雑誌を出し、また日本から紙型を航空便で運んで、満洲の紙を使って書物を出すというのが、社の幹部のもくろみであった。われわれの読者として予想されたのは、当時、大量にいた満洲国の日系官吏及び商社員、そして最後に関東軍の将兵たちであった。

秋深まる十月に、私は同僚とともに東京を出発して、再度、満洲の土地を踏んだ。この満洲文藝春秋の生活はそれから満一カ年つづいた。途中で一度帰国しているから、都合、四回、朝鮮海峡を越えたわけであるが、いつも京城に途中下車し、『文藝春秋』創刊時の同人であった京城帝大の船田享二氏や、友人である高橋幸八郎教授のところでゴロゴロして、疲れを休めて、往来したものである。

船田享二さんの家ではいつも歓待された。その奥さんの手製のキムチ（朝鮮漬）に舌鼓を打った。この家庭的な、頭のよい奥さんが、後年の主婦連の副大将、船田文子女史になるとは、当時の私にはまったく予想もつかなかったことである。

満洲文藝春秋社は資本金十九万円で、新京市敷島区羽衣町で創立された。法律的な手続きは天宝胡同《ホートン》の下条弁護士がやり、創立総会がそこで開かれた。ちょうど文芸時局講演で満洲を旅行中の久米正雄氏も同席され、賑やかな談笑のうちに登記が完了した。私はそのとき珍しく俳句が出来た。

「胡同に会社生まるや菊花節」

この一句を久米さんに見せたところ、三汀宗匠に、

「これはなかなかいい句だよ」

と褒められたのを憶えている。胡同とは路地の意で、下条弁護士のいた天宝胡同のこ

とである。菊花節、即ち重陽の佳節であったことが思い起される。新雑誌の発行はむつかしかったが、たまたま満洲藝文協会の機関誌『藝文』の発行について問題があったのを、こちらで編集の面を引き受けることになった。

われわれの編集になった最初の号には、内地からもたくさんの寄稿があり、横光利一氏の文章で巻頭を飾ることができた。しかしこうした編集方針はたちまち満洲在住の作家諸氏の反感を招いた。つまり在満作家を育てるという意味での『藝文』が、中央の文壇の出店になっては困るという、しごく当然な声であった。

私達もその希望に沿って、だんだんに編集方針を変えて行った。ただ自分が編集してみてわかったことは、なんといっても満洲在住の日系作家の力量不足ということである。藝文協会の会長山田清三郎さんは、周知のように、親分肌の世話好きで、われわれと若い作家との間をいろいろと、とりなしてくれた。しかし私は心の中で、(どうしても満洲の日系作家はどこか甘やかされたところがあって、性根がすわっていない。だから伸びない。満洲国弘報処(情報部)あたりがあまり力を注ぐために、かえって逆に作家が伸びないのではないか。まあ悪口をいって失礼だが、ここで作家といわれている人の大部分は、日本の旧制高校の文芸部員程度の力量しかない)と思い、さしつかえない人に向っては、そう公言していた。

内地から来て、満洲の事情もあまり知らぬくせに大きな口をきくようで少しワルかったが、戦後満洲から引きあげてきた作家の中で、よい仕事をしている人が少いのは、わたくしの当時の考えが間違っていなかった例証だと思う。

わたくしが当時、認めた作家では牛島春子さんがある。牛島さんは女には珍しい骨のある作品を書く人で、構成もシッカリしていた。大いに期待したが、家庭の事情か、なにか判らないが、その後、作家活動をしていないのは残念である。檀一雄君も在満中であったが、ほとんど作家活動はしていなかったので、われわれの眼には触れなかった。文学や芸術はまことに不思議なもので、いくら満洲国のように弘報処が中心になって援助し、五族協和などというスローガンを掲げて、一応、作家を大事にして、ものを書かせようとしても、よい作品が出来るとは限らないものである。国家や権力がうっちゃっておいても、よい作品はドンドン生まれるのである。満洲に一年いて、わたくしはそんなことを実感として感じて、帰ってきた。

しかし作品はとにかく、満洲の日系作家は個人的にはみなよい人ばかりで、酒が好きで、多分に放浪性があり、つきあってみて気持のいい人ばかりだった。彼らは彼らなみに精一杯に生き、精一杯に書いていたわけである。なお、満洲の作家といって、日本人作家ばかりを問題にするのはまことに不公平、且つ、ことの順序を間違えたものである。実はいわゆる満人作家といわれた人達には力量のある人達が多かった。

いま思い浮べるのは古丁君、爵青君である。両名とも日本語は日本人なみであり、その書く文章も実に立派なものだった。異国の言葉を駆使して、あれだけの作品を書けた才能にはいまでも敬服している。

爵青君は、若い、一見弱々しい青年で、満日文化協会に勤めていた。人柄も素直な人であったが、戦後、漢奸騒ぎにまきこまれたと聞き、行方不明を伝えられている。もし日本へ逃れてこられたら、日本でも或る程度の作家活動のできる人であった。

古丁君は、鋭いものを内に隠しており、作品もまた規模雄大であった。皇紀二千六百年を記念した大東亜文学者会議などで日本へ来たこともあるが、その日本批判も鋭かった。わたくしは古丁君としばしば会ったが、この人は本当は共産主義者だと思っていた。

或るとき、いろいろ話をしたとき、古丁君は、

「満洲は日本のおかげで重工業が開発され、鉄道、道路が敷かれ、大きなビルがどんどん建っているが、私はそれを別の意味で喜んでいる。いくら日本が強力でも、この施設全部をもって帰ることはできませんからね」

といって、軽く笑った。

わたくしにはカツンとくるものがあり、漢民族というのは、なんと現実的で、先の先まで読む怖ろしい能力をもった国民だろうと思った。

事情はやや違うが、砂川やその他の基地で、赤旗を担いでいる人達の幾人かに、この

くらいの「読みの深さ」をもっている人がいたら頼もしいと思う。一つの国が他の国を不自然に長年に亙《わた》って占領することができないというのは、歴史の一大教訓の一つである。古丁君はその後、当然ながら中共に投じ、活躍しているというが、その後の噂は聞かない。この天晴れな男の前途に幸あれと、わたくしは祈る。

これをもってしても、王道楽土だとか、五族協和というスローガンが、満洲の中国人にどう思われていたか、一目瞭然である。日本人の自惚れと、いい気になっている善意の押売りの結果が、戦後仮借なく報いられたことについていまさら歎くまでもない。

妻子を故国に置いて、単身赴任した私達の生活は当然乱れた。なんの家庭的慰安もない合宿にいて、仕事が済めば、あとは酒を呑むことばかりであった。当時、吉野町に「八丁」というおでん屋があり、東京下町出身の親父が、威勢がよく、日本気分が横溢していた。しかもここではわれわれは大いにモテた。酒も一人で三本から四本は呑ましてくれた。内地ではすでに想像もできない厚遇であった。私の酒量は急速にあがったのである。

仕事が済むと、永井竜男氏を先頭に、同僚相集まって、ここで一大酒盛を催した。月給は全部家族に行くが、社宅に合宿しているので家賃も食費も要らない。在勤手当はそっくり酒代に化したわけである。殊に冬は寒いためもあって、どうしても酒杯に親しむようになる。満洲国は絶好の酒道場であった。

「八丁」で十分呑んで、なお二次会といって、同僚の千葉源蔵君（現営業部長）と二人で或る料亭へ出掛けた。ビールを頼むと、御新規さんは一人一本だけだという。千葉君は名だたる酒豪なので、「一本とは情けない。オレがこの梯子段から下まで転げ落ちたら、もう一本ずつ出すか」と冗談をいったら、お女将《かみ》が「よろしゅうございます」といった。すると彼はクルクルとからだをまるめ、頭を腹にくっつけて、階段の上からゴロゴロゴロとものすごい音を立てて転がり落ちた。柔道の受け身を知っているからであろう、ケロリとして上がって来て、お女将に、「さあ、どうだ、約束どおりもう一本ずつ持ってこい」という。すっかり気を呑まれたお女将は、「階段がコワれても困りますから、もう結構です」といって、ビールはぞくぞくと届けられた。

千葉君の特技（？）のおかげで、わたくしはその後、何軒かの飲み屋（二階つき）で心ゆくまでビールを飲むことが出来た。このくらいの神経がなければ、この国は暮らせない国であった。

雑誌の印刷は満洲新聞社の印刷所で仕事した。内地のそれと違って、ここには満人の労働者がたくさん工員として働いていた。わたくしが感心したのは、われわれでもなかなか読めないむずかしい日本文をよく満人の植字工が読みこなして、活字を拾ってくることだった。ただ彼らにとって最大の苦手は平仮名であった。熟練工の人に訊いてみると、

「漢字なら、どんなむずかしい字でもいいですが、なにがむずかしいといって、日本の『く』と『へ』と『し』ぐらいむずかしいものはない。どっちを向いているのか、よくわからない。向き一つで意味が違ってくるのは、まったく困ります」

とコボしていた。

「女国定忠治」との一夜

十月に新京へ渡り、ゴタゴタしているうちに正月を迎えた。われわれの手ぬかりは宿舎の整備であった。寒地生活の経験が乏しいため、煖房の重要性についての認識が足りなかった。うかうかしているうちに、たちまち短い秋から冬になってしまった。しかも社宅の煖房を急速に修繕するには時間がなかった。また、漫々的《マンマンデー》の、満人の工人に頼んでも、内地並みに急速に事が運ぶわけにはゆかなかった。やっと修理出来上がったと思って、焚いてみると、地下深く掘ったパイプが凍ったため破裂して、家のなかの温度はたちまち零下七、八度に下ってしまう。とても寝てなどいられたものではない。しかたなく皮外套《シューバ》を着て、防寒帽をかぶって、夜は布団にもぐり込む。朝になると、防寒帽の内側の毛が呼気の水分のために針のように凍っていることもあった。寒さというものがいかに恐ろしいか、ナポレオンでなくても初めてわかったのである。

その年の十二月三十一日、われわれは年越しのために「八丁」へ集まって、大忘年会をやった。酒も特別に奮発してくれたので、みんなしたたかに酔い、家へ帰ることになったが、さてあの氷点下何度の社宅へ帰る気は起きなかった。一、二軒、呑み回っているうちに、どうしても社宅へは帰らないという堅い決心がついた。わたくしは千葉君と二人で、新京の赤線地帯である五馬路へ出掛けて行った。

一軒の娼家の戸を叩き、部屋に招ぜられたが、その部屋には温水煖房がよく通り、まるで春のようにあたたかいのに驚いた。世の中に、こんなあたたかい部屋で、夜、眠れる幸福なやつがいるか、と思ったくらいである。

現われて来た日本人の女性は、筋骨あくまでたくましく、将棋の駒のような女であった。千葉君の批評によれば、国定忠治のような女だった。生まれはやはり上州の由。威勢がよくて、もう一人の女性を混じえて、四人で暁《あ》け方まで敷ブトンの上に車座になって、ハナを引いた。酔いが醒めたらたまらないので、そこでやたらにヤミの酒を呑む。勝負ごとの嫌いなわたくしはしばしばトチって、彼女たちの嘲笑に遇った。

元日は十一時頃、目がさめた。なんともやりきれない気持で、早々にその家の裏口から辞し、社宅へ向う途中、新京神社の前を通った。たくさんの日本人が鳥居をくぐってお詣りをしている。そこには繭玉まで売っていた。満人が、着ぶくれてクマのようになりながら、あの懐しい日本の美しい繭玉を売っているではないか。

早々にお詣りして、社宅に近い日本人小学校の前を通ったところ、子供たちの合唱で、「年の初めのためしとて……」の唱歌を歌っているのが聞えた。あの子供たちの合唱というヤツはタマらないものである。しかも胸を締めつけるような、悲しいメロディを聴いているうちに、家族が恋しいのか、或いは満洲くんだりまで流謫された自分が悲しいのかわからぬが、涙が出てきた。

歌声は追いかけるようにして聞えてくる。わたくしは寒さと涙で鼻をツンツンさせながら、今年はなんとしても日本へ帰ろうと決心した。

社宅には満人の煖房夫の夫婦がいた。彼らは台所のせまい地下室に寝起きして、能率のあがらない煖房を焚いている。彼らは、われわれとはほとんど没交渉のような生活をしていたが、わたくしは彼らの生活を時折り観察するのが楽しみだった。彼らは配給もないのに、どこからか豚の肉をもって来、砂糖をもってくる。当時、砂糖や豚肉の配給は日本人が第一で、次は鮮系の日本人であった。満人にはほとんど配給はなかった。しかし彼らはどこからか、それを手に入れて、地下室の片隅で、つつましい食事をしていた。

社宅には炊事と掃除のため日本人の女中が一人いたが、これは渡り者で、始末が悪く、機会があれば満人夫婦の悪口をわれわれに告口する。砂糖がなくなったとか、食べものが盗まれたとかいって、彼女は彼らの罪にしている。ほんとうはこの女がわれわれを男世帯と思って、勝手にくすねて、男のところへ運んでいたのである。

煖房夫の細君は、たまにわたくしと遇うと、声をひそめて、ここの女中がいかに悪いことをしているかということを訴えるのであるが、悲しいかな、シナ語がほとんどできない私には、ほんとうの意味がわからない。しかしこの女が嘘をいっているということは思わなかった。やがてこの夫婦は暇をとり、ほかへ去ったが、去るときには同郷の山東省の同県同村出身の煖房夫を紹介して行った。こういうところにヘンな義理堅さがあった。また郷党相助ける気風が窺えた。

一冬で、たしか煖房夫は四、五人変ったが、みな代りの人間を世話してゆくのには感心した。そのうちの一人はなかなかの学者（？）で、辞める時、辞表を書いてわたくしのところへ届けてきた。中国人だから、漢文を書くのはあたりまえだが、その墨痕リンリとした漢文があまり立派なので、タマゲた。

「余、故郷ニ母アリ、齢八十。彼女病ムト聞ク。我、故郷ニ帰リテ、母ヲ看護セント欲ス」

というような意味の言葉から始まって、堂々たるものであった。なるほど文字の国であると思った。彼らをバカにして頤《あご》で使っていた日本の女中などのほうが、よほど恥《はず》かしいようなものであった。

戦争後、たくさんのアメリカ軍の夫婦が日本へ来て、日本のメードを何人も使って豪華な生活をしたものである。彼らの中には程度の低い細君がいて、かえってメードのほうが教養が高いという現象がしばしば見られた。不自然な占領軍の存在などというものは、どこでもおなじような皮肉な事態にぶつかるものである。

われわれが満洲でこんな生活をしているうちに、内地は刻々と情勢が急迫していた。紙の不足により出版社の企業整備が強力に行われ、むりやりに出版社は二百前後に縮小され、『文藝春秋』も総合雑誌の部門から文芸雑誌の部門に移され、否応なしに文芸雑誌としての編集を命ぜられた。ずいぶんバカバカしいことをするもんだと思っていたが、その頃の或る夜、わたくしが社宅へ帰ってみると、永井竜男さんが憂鬱な顔をして、

「いま、ラジオで聴いたんだが、『中央公論』と『改造』が廃刊させられたよ」

といった。

来たるべきものが来たという感じとともに、いいようのない侘しさが襲ってきた。ひどい時代である。みんな、よそごとではない。やがてみな自分の身に振りかかることだという予感がしたわけである。

神の声を聞く

在満中にハルビンはたしか三、四回、訪れたと思う。しかし南満を訪れたのは昭和十九年の初夏であった。協和会本部長の三宅光治中将が南満各地の協和会を巡視することがあり、その際、言論関係から、同行できるということがあったので、わたくしは好機と思って参加を申し込んだ。協和会というのは、満洲国唯一つの政党であった。つまり典型的な御用政党である。

一行は新京を発って奉天、更に南へ下って営口まで行った。大遼河が海のように流れ、営口の町は古風の家並みを含めて極めて印象が強い。

それから遼西地方の附近の開拓村をめぐり、その近くの溝幇子で勤労奉国団の勤労奉仕の状況を参観した。これは当時、満洲国ではナチスの真似をして、青少年の勤労奉仕を強制的に課し、満人の子弟が一年のうちある期間を限って強制的に労働させられた。この作業場は川の堤防を築くところで、約二千人の満人の青年が、日本の国策会社の命令のもとに、土木作業を行っていた。

われわれが着くと、歓迎の意味もあって、これらの青年が上半身は裸、下半身はズボンとズック靴を穿き、手に手にシャベルを持って、弥栄《いやさか》体操をしてみせる。一糸乱れず、よく訓練されたものであるが、その体操にはなにか力がなかった。カンカンと照りつける強い南満の陽の下で、この一群の裸像がかもし出した雰囲気には異様なものがあった。

わたくしはこの体操に気を呑まれるより先に、直観的にこれは大へんな間違いをしたものだと思った。彼らはべつに苦力《クーリー》ではない。良家の子弟も入っている。肉体労働を蔑視するこの国で、これらの青年たちにこういう労働、土工作業をさせることがどんな憎悪を彼らの心に刻みつけたか、恐ろしいと思った。

彼らの宿舎はみなバラック造りで、まるで豚小屋の限りない連続のような感じであった。わたくしは特に病舎を訪問したが、そこには数十人の下痢患者が土間の上に転がり、ほとんど垂れ流しの状態であった。正視するにしのびない有様である。「発疹チブスの流行もあって、かなりの犠牲者も出たが、どうやらそれだけは食いとめた」と日本人の医官がボソボソ口のなかで呟いたのを、わたくしは耳にした。泥の土間にゴロゴロしているこれらの病人たちが私を見る瞳の弱さ。それは訴えるが如くであり、また、なかには強い反抗のまなざしで私を睨みつける青年もいた。

弥栄体操が済むと、テントを張った野外で食事になった。われわれ一行は十人ばかりであったが、食卓の上に出て来たのは、草鞋《わらじ》ほどもある大きなトンカツであった。わたくしなども久しくお目にかかっていないもので、大御馳走であった。しかしわたくし達の食卓のすぐうしろに勤労奉仕隊の青年たちが直立不動でズラリと立ち、手に手に団扇《うちわ》をもって、食卓にむらがる蝿を追っていた。彼らの瞳は一様にわれわれの卓上にある巨大なトンカツに注がれ、いいようのない悲しい顔つきであった。わたくしはトンカツにかぶりついたが、食べたような気がしなかった。あさましくも食うには食ったが、これを味わうには、よほどの超人間的な胆力が要るのである。

南満各地では小さな県城をたくさん訪問したが、副県長はみな日本人で、これが県長の満人を監視して、ほとんど独裁的権力を振っていた。若い副県長たちはほとんど日本の大学出身者で、彼らの大多数が必ずしも現状に満足していなかった。夜半、膝をまじえて語り合うと、果して日本の満洲への政策が正しいかどうかについて、深刻な批判と溜息が彼らのうちから洩れるのを書き落とすわけにいかない。

満洲で有名な温泉といえば、湯崗子であるが、われわれ一行の最後の夜はここで送った。満鉄が早くから開いた温泉場で、日露戦争及び満洲国建国について歴史的な由緒のあるところである。ここでわれわれ報道陣も強行軍の最後の一夜を寛《くつろ》いだわけである。

わたくしは今度の旅行の印象があまりに強烈だったので、宴が果ててから、いささか勇を鼓して、三宅さんの私室を単身、訪問した。十時過ぎだったろう。三宅さんはまだ寝ないで、せっせと書きものをしていたようであったが、この不意の闖入者を迎えて、言辞甚だ鄭重だった。

「あんた、『文藝春秋』の人でしたね。どうでした、こんどの旅行の印象は」

元軍人にしてはひどく柔かい調子であった。わたくしは、

「日本はいけませんね」

と思いきっていった。

「満人の心が離れるようなことばかりしていて、なにが五族協和でしょうか」

といった。国賊といわれるぐらいの覚悟であったが、三宅さんは静かに、

「同感ですね」

といわれた。しかも驚くべきことに、

「もう日本もおしまいですよ」

と、ポツンと一言いわれた。

三宅さんは満洲事変勃発当時の関東軍の参謀長であった。あの事変が若い参謀たちによって、遮二無二押し進められ、三宅さんはタナ上げにされ、これを止めるだけの力がなかったわけである。しかも退役後は担がれて協和会本部長になったわけであるが、すでに日本軍閥の終焉を早くから感じとっていたわけである。

その夜の話は深刻を極めた。

「軍と国家全体の指導者の至らなさが今日の事態を導いたのである。それには私にもハッキリした責任があるから、私は生きて二度と内地の土を踏む気持はありません」

と、いい切った。

軍人にしては珍しい人だと思った。のちに聞いたところによると、三宅さんは敗戦と同時に、新京の自宅で自決されたそうである。

なお、この機会に、もう一人の日本人のことも附記しなければならぬ。それは名も知

らぬ一青年であった。この溝掬子作業所内においてのことであったが、あの異様なる食事が済んだあと、三宅さんがそこに列席した工事関係の日本人にいろいろと質問をし、またいろいろの陳情を聴いたときであった。

その時一人の逞《たくま》しい青年がツカツカと前に出てきて、

「本部長閣下、この工事はこんなことでは期日までには絶対にできません。満人の青年たちは一生懸命汗を流してやっているけれど、これを監督している東拓の社員たちは彼らと別世界の生活をしています。しかもこの若い満洲の青年たちの血と汗になったもので儲けているのは東拓という会社です。私はこれがあまり残念なので、社員宿舎を離れ、この勤労隊の青年たちとおなじ宿舎で暮らしています。彼らと同じものを食べています。私には彼らの気持が手にとるようにわかるのです。……」

と、真剣な顔つきで訴えた。

見れば彼の服は勤労奉仕隊の青年とおなじ粗末なスフ服で、顔は陽に焼けて、真ッ黒に汚れていた。見ただけでは日本の国策会社の社員か、苦力かわからないような恰好であったが、そのいうことはまさしく神の声であると、わたくしは思った。

これを肯いて聴いていた三宅さんの顔も実に悲愴であったし、これをとり巻いていた東拓高級社員の狼狽した顔つきもまた、一幕の劇を見るような思いであった。

新京にいるうちにサイパン陥落の報を聞いた。東条内閣崩壊のニュースも聞いた。来たるべきものが来たという感じであった。もう満洲におられないと思った。こんなところにいられない。戦い敗れたら、報復的に満人から何をされるかわからないというのが、わたくしの偽らざる気持であった。

それに満洲文藝春秋社出向はだいたい一年ぐらいの予定という最初の条件があるので、期限も切れたし本社に向って帰国を願い出たが、なかなか許可にならない。わたくしは肚をきめて、帰国の許可がなければ、社を辞職するという電報を打った。それでやっと帰国の許可が下り、十月に満洲を出発した。

その途上関釜連絡船内のラジオで、台湾沖航空戦、沖縄沖の航空戦の赫々たる（?）戦果を聞いた。航空母艦を三隻轟沈したの、二隻大破させたのというようなニュースがたてつづけに流れてくる。船の中はまるで戦勝祝賀会のようで、軍艦行進曲がラウド・スピーカーから流れ、沸き返るような騒ぎだった。

補給路が短くなった利点に立つ日本としては、ここで大きな打撃を敵に与えるチャンスだと思ったが、この捷報を百パーセント、わたくしが信用したわけではない。しかし帰国を急ぐわたくしの心は軽く、このニュースはわたくしの耳に快かった。わたくしを待っている仕事は『文藝春秋』編集長であった。

狩り立てられた編集者

横浜事件の影

昭和二十年三月十日の空襲は壊滅的で、わたくしの当時住んでいた本郷の家も、そのために焼けた。わたくしは家がないため、すぐ雑司ヶ谷の菊池寛氏の家に転げ込み、そこで応召するまでの二カ月間、居候した。

或る日、用事があって本郷へ行き、たまたま焼跡のあたりを通りかかると、本郷三丁目のほうから渡辺潔君が来るのに出遇った。渡辺君は当時、『日本評論』の編集部員であった。

「君、満洲にいっていると思ったのに、もう帰ってきたの」

というので、

「いや、もうだいぶ前に引きあげてきて、いま『文藝春秋』をやっているんだ。君等に会ったら、聞こうと思っていたんだが、やたらにこの頃、編集者が横浜の警察へ引っぱられているが、いったい、なにがあったんだい」

わたくしが反問すると、渡辺君は、

「実はぼくにもよくわからないんだが、うちでも美作太郎、松本正雄、彦坂武男の三人が引っぱられた。こんどは僕のような気がするんだが、なにが当局の忌諱に触れたのか、わからないんだよ」

と、深刻な顔をしていた。

これは世にいう横浜事件で、その前年あたりから、『中央公論』『改造』『日本評論』の記者諸君が続々と検束された事件である。身に覚えのないことで引っぱられるという恐怖は相当なものである。なにか覚悟があるなら、どんな目に遇っても堪えられるが、じっさいになんとも見当のつかないことでブタ箱にほうり込まれるのはたまらなかった。

渡辺君はそのとき、

「浅石君（『中央公論』編集部）も引っぱられて、獄中で病気で弱っていると聞いたが、どうしてるだろう」

といって、暗澹とした表情をした。

この浅石君は前年十一月に、すでに予審中に横浜で獄死しているのである。

渡辺君と別れ、わたくしは生家の焼跡に立ったが、荒寥、暗澹たる気持に陥った。第二国民兵の応召も相次いで行われる最中であるから、これは海軍に召集されるか、横浜行きか、どっちかだな、とひそかに覚悟をきめた。なお渡辺君はわたくしと会った数日のちに「なにがなんだかわからない」ままで、横浜署に検束されたのである。

――「横浜事件」というのは、東京を中心とする三十余名の言論知識人が、横浜地方検事局思想検事の拘引状を携えた神奈川県の特高警察陣によって、検挙投獄された事件の総称であり、被検挙者の所属は、研究所員や評論家を含めた主として編集者よりなり、ジャーナリストであるところに特徴があった。

従って事件は多岐に分れ、その間の連関は極めて乏しく、むしろ複数のケースを時間と地域の同一性から「横浜事件」と総称しただけで、強いてこれらの事件の共通性を求めるならば、それは増大する戦況の不利と、国内情勢の不安とのために兇暴化した天皇制警察が、軍国主義的絶対権力を笠に着て、ジャーナリズムの抵抗線に襲いかかったという事実のなかに見るほかはないであろう。

これはわが友、美作太郎法学士の定義である。――法文のように固苦しい表現であるが、簡にして明快である。

要するに、戦争遂行上、邪魔になる総合雑誌の編集者をまず十把一からげにブタ箱に入れ、拷問をし、その中で身体の弱い者を殺したという事件である。

中央公論社関係では小森田編集長はじめ六名、改造社関係では大森編集長他五名、日本評論社は美作君以下五名が、その難に遇ったわけである。岩波でも小林勇、吉野源三郎君が引っぱられている。

なんのためにこういう事件がデッチ上げられたか、よく分らない。今日でもいろいろな説があるが、だいたいこの事件の関係者たちの想像では、昭和研究会を中心とする近衛一派の和平運動弾圧への口実を見つけるため、まず雑誌ジャーナリストを拷問して、何かを聞き出そうとしたのが真相に近いと思う。これが政治家や学者を捕まえるなら、いくら特高でも、証拠を少しはニギっていなければ出来ぬだろう。しかし今日から考えれば想像以上に社会的に無力であった雑誌記者の十人や二十人引っくくるのは、彼らにとって朝メシ前だったのである。

「国体を破壊する目的」という口実をつけられ、小さな私的会合まで共産党まがいの集会とみなされ、猛烈な取調べと拷問のもとに発展して行った事件である。この人達の受けた暴力の詳細はすでに幾多の記録が残っており、詳説を避けるが、横浜事件というのは、われわれ編集者にとって最大の受難史であった。

わたくしなぞ、戦後、横浜へ行くたびに、いつもやりきれない気持に襲われたものであるが、ほんとうの敵は横浜署の一握りの刑事ではなく、旧内務官僚の一部と軍部である。

浅石君について同僚の青木滋（青地晨）君の語るところによれば、「浅石君の捕まる四、五日前に僕が会ったとき、彼は『どうもやられそうだ』としきりにいう。『絶対オレは何もやっていないから、やられるはずはないんだが』といっていたが、それから二、三日で彼はパクられ、半年経って、こんどは僕がパクられた。」

青木君が、横浜署の刑事部屋で調べられているとき、浅石君を調べている刑事がちょっと入って来て、青木君に向って、

「オイ、お前の仲間だが、浅石というやつは、もう命がないぜ」

といった。

「どうしてですか」

と訊くと、

「胸が悪くて三十八度以上の熱がある」

「そんなに悪ければ、病舎に入れたらどうです」

と青木君がいうと、

「何をいうか。バカヤロー。ああいうヤツ等はほっておいても死ぬんだから、いまのうちにドロを吐かせなければダメだ。それでこの頃は毎日、引っぱり出して、徹底的に調べているんだ。死んだら証拠がないから、生きているうちにやるんだ」

といったという。この人間離れのした警部補の名は森下某。

浅石晴世君は十一月の山茶花《サザンカ》の咲いている或る朝、雑役夫が彼の独房を覗いたとき、自ら溢れ出る喀血に塗《まみ》れて窒息していた。

わたくしは浅石君をよく知っているだけに、戦後この話を聞いて、胸潰れる思いがし

た。浅石君は家族が少く、弟さんはのちに戦死し、お母さんも病死して、たった一人残った妹さんも現在、行方不明と聞く。現在と違って、雑誌編集者といっても、その社の役員にすらなった人は数えるほどしかいない。ほとんど全部が一介のサラリーマンとして、乏しい生活を樹て、しかもこういう事件のために最も抵抗の弱いところとして、地獄の苦しみを嘗めさせられたのである。

国民とおなじ苦しみのなかに苦しんでこそ、編集者の生き甲斐であったから、なにも流行作家、流行評論家なみの余裕を編集者に希望するのではないが、しかしせめてあの時もう少し編集者の生活、待遇が恵まれていたのならば、と思わないわけにゆかない。弾圧と貧窮のただなかに死んだ浅石君や他の二名の編集者のことを、将来も雑誌編集者は忘れないでほしい。

最近、三鷹事件、松川事件、それから菅生事件と相次いだ謎の事件に、総合雑誌は相当のスペースを割いている。そのねばり強い反官憲運動に、警察や保守党の首脳部はさだめし苦い顔をしていると思うが、しかし日本の雑誌の編集者の古い連中の頭のなかには、十数年前の横浜事件の苦い思いが、まだ頭の隅に残っているのである。罪なくしてデッチ上げられ、なにがなんだかわからないうちに起訴されたその苦い回想がシコリになって、根強く現在、動いているのである。

戦後のこれらの事件の真相がどうであるか、軽々には判断できないが、われわれ古い編集者は自分たちが嘗めた苦しみを、もう国民の誰一人にも嘗めさしてはならないという強い気持だけは、いまなお持ちつづけているのである。

海軍という世界

『文藝春秋』編集長として、雑誌を五、六冊作っただけで、五月一日に、わたくしは赤紙を貰った。十五日までに横須賀海兵団に入団せよというのである。だいたい海軍に召集されることは覚悟していたので、赤紙を貰ったときの気持は割合に平静であった。家族は新潟県に疎開して、なんの心配もないし、家は焼けたし、却ってサバサバした気持だった。雑誌編集者として、戦争貫徹のために国民の尻を叩く役を、いやいやながらでもやらされた自分にとって、とにかくわれわれの同時代の人間が戦線で命を的にしているそのところへ、おなじ資格で参加することのできるのは、むしろ本懐だと思った。特別席にいて、偉そうな記事をのせていることに堪えられなかった。よい兵隊になるかどうかわからないが、頑張りたいと思った。

赤紙が来たのは雑司ヶ谷の菊池寛氏邸であった。私はずっとそこで居候していたのだが、その頃はすでに応召続出で、同僚の数も寥々たるものであり、わたくしのために特別、壮行会が開かれたわけでもない。その赤紙を持って、近所の酒屋へ行って、出征用の酒一升を貰い、菊池家の留守番の人、二、三人とささやかな送別会をやった。

十五日、指定の場所である東京駅の地下に集まると、何千人という応召者の群れでゴッタ返していた。憲兵が出動して整理し、われわれは特別編成の横須賀線の車中に詰めこまれた。このとき、吉田健一君なども、そのなかにいた。のちに横須賀海兵団の兵舎で彼の姿をみつけたときには、なつかしかった。

そのとき同じ応召仲間の『モダン日本』編集者のS君と一緒に向い合って席を占めたのであるが、S君は戦後のある時、たまたまこの時の話が出て、

「君は実にあの応召列車のなかで、大胆不敵でひどいことをいったぜ。僕はそのとき、ハラハラすると共にちょっと憤慨したものだよ」

といったことがある。

それはつまり、(この戦争はもうだめで、われわれはこの絶望的な戦争に狩り出されただけのことだ)というようなことを、わたくしがいったらしい。わたくしの記憶から忘れられたことなので、ちょっと意外だった。当時の見透しとしては、そう思ったのだろうが、一兵士として戦争に参加しようという気持もあったことも事実である。矛盾した気持であるが、その通りだから仕方がない。

ところが横須賀海兵団に入団してみて、わたくしのこの気持はたちまち大きな動揺を受けた。隊門を入ったとたんに、当然のことながら、われわれには最下級の兵士として

の待遇が待っていた。そのことはかねて覚悟していたことで、さほど驚かなかったが、海軍の私的制裁のすさまじいのには驚いた。

入隊二、三日後の夜、吊床のなかで、われわれの仲間が下士官の噂ばなしをして、少し悪口にわたったところを、たちまち聞き咎められた。その兵隊は猛烈なバッター（精神棒）を十数回、尻にくらい、気を失い、尻がたちまち馬のように膨れるのを見た。下士官の一人は、死んだようになっているこの男に水槽の水を浴せながら、われわれ新兵の全員を前にして、

「貴様たち、帝国海軍がどういうところか、これでわかったろう」

と、睨め廻した。まるでヤクザの私刑である。

ここは、恐怖という鞭によってのみ兵隊は動くものであるという原則に立った世界であった。心の弱い者は、これで呆然自失してしまい、あとは機械的に動くだけなのだ。これがかつての精鋭な帝国海軍かと思うと不思議な気がした。よくこれで戦争が出来たものである。

入隊して数日たったある日、分隊士の大尉が、海軍に入っての感想を率直に書いてみせろといった。今後の新兵教育の参考にするためだから、悪口でも、なんでもかまわん、感じたことを書け、それによって罰することは絶対ないといって、みんなに鉛筆をとらせた。

わたくしはかねて、このときほんとうのことを書いたら、ひどい目にあうぞ、と聞いていたので、適当にごまかして書いた。ところが二、三の人が率直に書いたために、再び猛烈な制裁を受けた。そのうめき声が夜半まで聞えてくるので、吊床の中でねむることが出来なかった。なにを書いても、決してお前たちに罰を加えない、という約束をしておきながら、平気で体罰を加える。この一事だけを以てしても、わたくしはいまでも絶対に横須賀海兵団を許すわけにいかない。人をペテンにかけ、思想調査をしたのである。兵隊として、一兵士として、忠実に国のために尽したいと思ったわたくしの気持は、当然のことながら一変し、こんな軍隊なら早く消えてなくなれと思った。軍隊なんてなくなったって、日本人は生きてゆかれるのだ。この戦争はどうせダメなんだから、こんなバカバカしい軍隊の一員として戦争で死んでは犬死である、万難を排して生きて帰ろうと、心に誓った。

入隊の身体検査のとき、わたくしの唇がさけて、血が出ているのを見て、若い軍医が、

「衛生兵に殴られたのか。ときに、お前の職業はなんだ」

と訊いたとき、

「雑誌記者です」

と答えた。

「なんの雑誌だ」

といいうから、

「『文藝春秋』編集長」

というと、軍医はちょっと憐憫の情を表情に現わして、

「おれは愛読者だよ。海軍はヒドイところだから、気をつけてうまくやれよ」

と小声でいってくれたが、そのことがつくづく思い出された。

千歳第二基地

横須賀には二週間いて、わたくしたちはすぐ青森県の大湊に送られた。夜中に軍用列車で横須賀を発ち、東京を過ぎたときには、五月二十五日の大空襲で、東京の街々はなお余燼があちこちに小さな火の手を上げていた。荒寥たる景色を忘れることができない。軍用列車のなかで動物のようにわたくしたちは眠り、大湊からは再び輸送船に乗せられ、小樽に向った。船は一昼夜半かかったが、

「お前たちに物を食わせると、船酔いでみんな吐くから、小樽に着くまではなんにも食わさない」

というので、その間は暗い船艙に詰めこまれ、口にしたものはただ水だけであった。同じ船に乗り込んでいたわれわれの隊の士官たちが、乾パン袋をもち、ウイスキーをぶ

ら下げて、われわれの前を往来するのを、数百名の新兵たちは羨しそうな眼で見たものである。わたくしもずいぶん情けない表情をしていたに違いない。
兵隊だというのに鉄砲もない。ヨレヨレの第三種軍装を身にまとい、背中には大きな衣嚢を背負って、ヨロヨロと小樽の埠頭に降りたわれわれは、さながら苦力同然であった。

小樽の港外に集結して、最初にわれわれがやったことは、二日ぶりで配給されたニギリメシをパクつくことであり、次は横須賀以来とることが出来なかったシラミ狩りだった。みんな裸になって、腹巻や下着についたシラミを退治するのに大童《おおわらわ》だった。こんな兵隊があっただろうか。情けないと感ずると同時に、訓練も作業もないこの二時間ばかりの小閑を愉しんだものである。

北海道はわたくしは初めてである。小樽から汽車で札幌を通り、千歳へ向った。沿道の風景は目新しかった。千歳の駅へ着いたのは深夜で、そこで点呼を受け、われわれは約二里の道を軍歌を歌いながら行軍して、千歳第二基地の兵舎へ向った。兵舎というと、聞いたところはいいが、着いた所は広い落葉松の林の中の地下壕舎だった。ムッとする土いきれのなかに蚕棚になった壕舎で最初の夜を過した。

われわれの隊は、正式には五七一設営隊という名前である。約八百人ばかりの部隊になっていた。設営隊というのは名前はいいが、要するに土方部隊であった。すでに労働力不足を告げていた海軍では、一般の徴用で基地建設要員を得ることができなくなったので、召集の形で第二国民兵を大量にとり、これを各地の基地に分けて、基地建設に当らせたわけである。はじめから、兵隊でなく、土方だったわけである。海軍らしい訓練はなにもなく、銃の代りにシャベルをあてがわれていたのである。

戦後、よく日航機で千歳へ行くが、いつも飛行機から降りるときの気持は複雑である。飛行場に着く前に、友人なんかに、

「オイ、池島信平の造った滑走路を見ろよ」

と冗談にいわれたものであるが、これは少々ウソが混っている。現在、日航機が発着する滑走路は、往年の第一基地の跡で、われわれの造ったのは第二基地であるから、いまの飛行場とは、かなり離れている。現在では、その滑走路は草ぼうぼうとしており、コンクリートはひびが入ったり、割れていたりして、よく自衛隊などが分列行進をやる場所になっている。千歳の上空へくると、これから降りる滑走路の少し南のほうにあって、昔、われわれの造ったこの滑走路の残骸が、深い雑草に蔽われていまでも見える。

雑誌記者をやっていたということがわかっていたので、わたくしは一般の土方用の分隊でなく、本部附の兵隊に配属された。要するに、雑誌の記事を書くくらいだから、速記もできるだろうというので、速記要員にされた。部隊長や偉い人の訓辞などがあったとき、これを文章に写しとることである。

大湊にいたとき、北東方面艦隊の施設部長の某少将の訓示があったが、このときわたくしは全文を写しとった。わたくしの班の下士官なぞは、これを見て、

「ホホウ、お前、これだけよく書きとれるな」

といって驚いていたが、要するに談話筆記の要領でやればよいし、話の内容も型にはまったものだから、それほど骨の折れることではない。速記要員になったおかげで、わたくしは土方の重労働から免れたものであるから、わたくしはいささか自分の職業に感謝しなければならないであろう。

いつも隊長の速記ばかりしているわけでなく、本部附として、わたくしのやらされたことは番兵と風呂《バス》当番だった。工事場からセメントだらけで帰ってくる兵隊のために、毎晩風呂の用意をやらされたが、わたくしたち風呂《バス》当番は、昼間から水を井戸から汲み、バケツでさげて風呂に持って行く、単調な動作を数百回くり返す。安寿姫と厨子王ではないが、わたくしは風呂の水を汲んで運ぶ仕事を、それから終戦の日までつづけたわけである。

風呂が沸くと、最初に隊長が入り、士官が入り、下士官が入り、そして一般の兵隊が入る。風呂《バス》当番兵として、わたくしは素ッ裸の上に帽子だけを乗っけて、将校たちの背中を流した。わたくしは海軍式の背中の流し方に熟達した。いまでも温泉などに行くと、流しにくる風呂番に講釈をする。どうしたら、能率的に垢が落ちるかということについ

て、彼らに教えを垂れることがある。軍隊で習った技術といえば、三助だけだとはいささか情けない。

千歳へ着いて、やがて家族にハガキを出したが、そのなかに、

「北海道へ来た。ここはまるで西洋の絵葉書のように綺麗なところだ」

と書いた。

事実、自然の美しさは素晴らしく、千歳原野のはるか彼方には樽前山が煙を吐き、かっこうはいつも啼いていた。飛行場の脇にはたくさんの農家があって、いずれも牛を飼い、毀《こわ》れた柵、あおあおとした牧草、小さな池に映る夏の真白な雲。どこを見ても、まるでスイスあたりの風景を思わせるような美しいところである。

ところがこのハガキの文章がたちまち問題になった。班長に呼ばれて、

「貴様は防諜ということを知らないのか。『北海道にいる』とはなにごとか」

といわれて、頬が曲がるほどぶん殴られた。この下士官は、青森の特飲店のオヤジであった。殴られたのは、もう横須賀以来、数回あり、これから八月十五日までの間に、歯が二、三本かけるほど殴られた。だいたい軍隊生活のあいだ中、作業に追いまわされて、歯を磨くことを怠ったので、歯がすっかり参って、現在でも上歯は全部入れ歯である。入れ歯を掃除するたびに、なつかしき(?)帝国海軍時代を思い出す。

最下級の兵隊の運命は、陸軍も海軍もおなじである。特別に苦労したとは思っていな

い。兵隊とはいっても実際に弾が飛んでくるわけでなし、生命の危険に直接に脅かされたわけではない。七月になって、二度ほど千歳基地は艦載機に空襲されただけである。第一線にあって苦しんだわれわれの仲間から見れば、わたくしの軍隊経験などいわば特等席のようなものである。かえって、辛さよりも、軍隊にあって、いろいろなことを学んだ。

敗戦の日を迎えて

わたくしのように、中流家庭に生まれ、学校生活を平々凡々につづけた者にとっては、一般の日本の大衆との接触は、小学校を出てからはほんとうにはなかった。大衆がどういう衝動で動き、なにを考えているかについて彼らの身になって知ることはできなかった。ところが軍隊にあって、初めて日本人の平均的なモノの考え方を学んだのである。自分が雑誌記者として、数十万の読者と対決させられたとき、この経験は実に貴重であった。

インテリ以外の日本人、しかも日本という国をほんとうに支えている人たちの生活感情に、おなじ資格で溶け込んだ三カ月の軍隊生活で、わたくしの得たものは小さくはない。

終戦の日、八月十五日は朝からギラギラする夏の太陽の輝いた日であった。

一直番兵勤務で、私は隊の裏門に立哨していたが、早暁は特に霧が深く、ほとんどあたりは何も見えなかった。番兵塔のまわりの夏草は、露しとどであった。総員起しの喇叭《ラッパ》が遙かな兵舎群から聞こえる頃から、霧はドンドン晴れて行った。きょうも暑いな、とわたくしは思った。唐松の落葉樹の林を抜け、部隊本部近く行くと、夏草の間に、いつものことながら真ッ赤に塗った給油車が何台かあり、その赤がとても鮮やかだったのを憶えている。

交替の衛兵が出発したあとのガランとした兵舎で、少し遅い朝めしをかき込んでいると、伝令の松井二等水兵（現キヤノン・カメラ紐育支店長）がやって来て「きょうは重大放送があるから、この放送を速記するために、お前は待機していろと隊長がいっている」という命令を伝えた。

戦争が急速に破局に来たなど、北海道の果にいるわれわれにはわかる術もなかった。新聞なども、兵隊ではほとんど読む暇もなく、わたくしはただ風呂当番と番兵だけで暮らしていたようなものだった。

皮肉なことに、この八月十五日はわれわれの部隊の受持ちだった滑走路が完成したお祝いの日だった。数日前から昼夜を分たぬ突貫工事になり、今日は、最後の仕上げのため、将校はじめ兵隊たちは全員、朝早くから作業場に出てゆき、隊はガランとしていた。

夕方にはお祝いの酒も一本つくというし、相当のご馳走が出るぞ、ということを烹炊所の仲間から聞いて楽しみにしていた。五七一設営隊が出来て最初のお祝いである。

われわれが着手した滑走路は海軍がとっておきの「連山」という四発の重爆撃機を飛ばす滑走路だった。長さ二千五百メートル、幅員八十メートルという、当時としては最大最長のもので、ここからサイパンまで無着陸で飛び、これを爆撃して悠々と帰られるだけの脚をもつ飛行機の滑走路であった。われわれの隊のほかに、もう一つ、五七四設営隊、ほかに地崎組のタコ部屋の土工たち、これら二千人近くの人間がほとんど機械らしい機械も使わず、シャベルと汗と人力の限りを尽して、三カ月近くかかって完成したものである。

しかもなお偶然は皮肉であって、この日をもってわれわれ新兵たちは二等水兵から一等水兵に進級されるはずだった。終戦のあとから、みな記念に一階級ずつ進級したものだが、わたくしのは正真正銘の一等水兵に、この日をもってなったので、ポツダム一等兵でないことを、わたくしの名誉のために書きしるしておく。

お昼近くなって、全員集合の喇叭が鳴った。ところが大多数の兵隊は作業場にあり、技術関係の士官たちもこれについて行っているので、兵舎に残っていた者は五、六十人足らずだった。それに作業場に昼めしを運ぶ食事当番の連中が三十人ぐらいいたが、これだけの人数が広い営庭に整列したとき、隊長が壇上に立った。

電路部員が大急ぎで修理したラジオが突然破れるような大きな音で「君が代」を奏した。わたくしは隊列を離れ、隊長のそばのテーブルに坐り重大放送に耳を傾けた。これを一語、一語、速記することになっていた。

やがて金属性の、なんともいえない声の「玉音」が聴こえてきた。ラジオの調子も悪くて雑音も多く、この玉音もあまりにわれわれの普通の言葉と違った音調であったので、わたくしにはほとんどこれが速記できなかった。おそらくどんな熟達した速記者でも、神様から急に人間にされた人の悲痛な声を、あのとき間違いなく写せた人はないだろう。聴いているうちに初めはなにをいっているのか、内容を摑むのに苦労した。いたずらに漢語が多く荘重な調子ばかりで、よくわからないが、やがて「万世のために泰平を開かんと欲す」という言葉の「泰平」という言葉が頭にピンときた。これは戦争が終ることらしいということ、終戦すなわち降伏したことだと直観的に思った。胸を突きあげるような気持で、目の前がボーッとなった。見ると、みんな下を向いて緊張しているが、この放送の意味するものが何であるかをわかった者は少いようであった。

隊長はこの放送について、なんの注釈も加えず、そのまま整列を解いたみんなは各兵舎へ、或いは分担の仕事場へ急いだのだが、すぐわたくしは士官室に呼ばれた。

「いまの放送は戦争をまだつづけるというのか、或いはこれで終るといったのか、いったいどっちだ」

と若い士官たちに訊かれた。

彼らはみな若い技術将校で、大学や高工出である。そのある者は、同じ大学で、わたくしにとって十年も後輩であった。わたくしは、自分の理解したことを説明し、もとジャーナリストは、入隊以来はじめて、チョッピリ面目をほどこしたわけである。

その夜から部隊とっておきの食糧がドシドシ放出されて、われわれの食卓を賑わした。よくこんなにいろいろなものをとっておいたと思うくらい出てきた。われわれ初年兵はおそらくこの日から、部隊が解散される八月の三十日までに、平均して体重が二貫匁ぐらい肥ったと思う。いままで麦めしと北海道の千歳原野に生えている蕗《ふき》ばかり食わせ、たまに食べるとポーとからだに赤いブツブツができるような古いみがき鰊《にしん》を食わせる程度の食事が、急に賑やかになったからである。慢性的の半飢餓状態が一転して、今や何の作業はなく、うまいものを食ってゴロゴロしていればよいのだから、これは当然のことである。

その夜、飲めや歌えやの不思議な饗宴で騒いでいる士官宿舎を遠く見ながら、わたくしは煙草を喫《す》いに真っ暗な営庭に立っていると、そこに黒い形が一つうずくまっていた。見ると、年配の特務士官であった。いそいで敬礼をすると、

「まあまあそんなことはもういいよ。それより実はお前に訊きたいことがあるんだ」

といった。

そしてこの老士官は、いったいこれから日本はどうなるのか、おれたちの生活はいったいどうなるだろう、と真剣な顔をして訊いてきた。

この人は水兵からあがった士官で、あの技術将校のように専門的の技術があるわけでない。彼らが水兵時代から殴られ殴られ体得したものといっては、ただ海軍という狭い世界の特殊の技術と事務処理だけである。この海軍会社が今や破産して解散することになり、自分たちがおさめたものはすべて空になった、と直感したときの気持は深刻だったと思う。

わたくしはそのとき何を説明したか、よく憶えていないが、多分、愚かな見透しを述べただけだったろう。日本が民主主義になる、しかも軍閥最盛期以前の議会政治にもどることは間違いないと思ったが、これからくる日本並びにわれわれ国民の苦難の生活に対して、わたくし自身なにほどかの正しい認識をもっていたであろうか。

ただ一つ憶えているのは、これからは言論が自由になるだろう、しかしその自由も制限されたもので、日本へくる占領軍の意図のワクのなかでの自由である、日本軍部に代った連合軍の軍人の強い言論監視下にあることだけは間違いない、と説明したが、これだけは後に実際の場面にぶつかって、正しかった。天日を仰いで百パーセントの言論自由を謳歌することは、現実にはなかなかない。いつも、言論は、残念ながら時の権力の或る意味のワクのなかにあるというのが、わたくしの考えである。そのワクが狭いとき不自由と感じ、広いときに、わたくしたちは自由と妄信するのである。日本は降伏し、軍隊は解散されることになった。しかし現実の軍隊は即座に解隊したわけでなく、なお二週間ばかり、われわれは千歳に止まっていた。わたくしは相変らず風呂を焚き、士官の肩を流し、そして番兵勤務に就いていた。

隊の解散の日にはたしか三百円ぐらいの金を貰ったし、放出物資でいっぱいで重くなった衣嚢を背負うときに、一同ヨロヨロよろめいたのを、相かえりみて苦笑いしたものである。たった三月ばかりの軍隊生活の代償に、こんなにたくさん貰っていいのかと、わたくしなぞ思った。

三十日、解隊式をして、われわれは、勇んで（？）隊門を出た。二カ月余りの辛い日々であったが、ここを去るというときはなにか懐しい気がした。

函館まで軍用列車で運ばれ、連絡船に乗り込んだ。嘗《かつ》て小樽へ着いたときには敗残兵のような恰好をしていたのが、いまや国亡び軍は解散したにもかかわらず、われわれは戦勝国の兵隊の如く、真新しい軍服を着て、衣嚢には持ち運びできないくらいの罐詰と衣料品が入っていた。

青森の駅に着くとすぐ、これからは任意に行動せよ、ということになり、実際上、海軍一等水兵に別れたわけだが、このプラットホームで、家族が疎開している新潟行きの汽車を待ちながら、わたくしは左腕についている一等水兵の階級章を引きちぎって線路に投げ捨てた。

青森市は空襲で焼けただれ、廃墟のような姿である。空にはB29が一機、悠々と低空を飛び、その銀色の翼は八月末の強い陽を受けてキラキラ光っていた。

人間の醜さをいやというほど見させられ、また人間性の美しさについても、こんな時でなければ見ることが出来ないようなことも目にした。長かった戦いは終り、わたくしたちは、自由を得た。

雑誌の再建を

雑誌がつくれる、これから自分の思うままの雑誌をつくることができるという気持が、もくもくと胸のなかから雲のように湧き起ってきた。疎開先の家族のところには、それでも一週間ぐらいいたろうか。とにかくわたくしは東京へ出て、社へ出ることを急ぎ、満員の上越線に乗って東京へ出た。

最初にまず雑司ヶ谷の菊池氏の宅を訪れた。周りはかなり焼けたところがあったが、菊池邸は無事で、ここにしばらくいたことがあるわたくしには、懐しい家であった。

菊池さんは相変らず浴衣をダラリと着て、残っている社員を相手に将棋を指していた。

わたくしが、

「先生、ただいま帰ってまいりました」

というと、菊池さんはチラリとこちらを見て、

「よかったね。これからは大へんだよ」

といって、再び将棋を指している。

これからは大へんだよ、という言葉には、菊池さんの千万無量の思いがあったろうと思う。事実、菊池さんにとっては大へんな、しかも死期を早めるような苦難の時代が、この先きに控えていたのである。わたくしはその深い意味を察することなく、ただ一途に、この人のもとでやはり『文藝春秋』を編集することができるという喜びでいっぱいだった。

大阪ビルにあった文藝春秋社も戦災に遇っていなかった。ガランとして編集室は荒れ果てたままであったが、それでも四、五日いるうちに、懐しい昔の連中の顔が次々と現われた。この再会は、なんともいえずうれしかった。いずれも復員姿で、昼めし用の握りめしや藷《いも》をもった連中である。みんな粗末な服装をしていたが、思いはおなじ、お互いにこの戦いを生き抜いて、これから雑誌をつくることが出来るという気持である。

戦後、最初に出した十月号は三十二頁の貧弱な雑誌だった。一枚の紙をただ折っただけのことで、表紙も普通の印刷用紙である。無我夢中でつくった。その年の年末に出た新年号の編集後記で、わたくしは次のように書いた。

「新しき年は来たった。満目蕭条たる瓦礫の堆積の上に新春の斜陽は静かに照らしている。国敗れて山河ありとはいえ、無心の山河に有すべきわれらの衷懐は詠嘆に終始すべきものではない。

実に本年をわれらは日本始まって以来の暗黒の年と見るものである。説明はいまさら何も要しない。このときに当って、日本の知識階級の大部分を占める本誌の愛読者諸氏に希念するところは大きいのである。日本の知識階級がこの生活に敗れ滅びるとき、わが『文藝春秋』も滅びるであろう。しかし古き日本が洋々たる太平洋の彼方まで窓を、心いっぱい開いた今日、われわれは決して押しひしがれるものではない。遅疑するものでもない。

都市に、農村に、われわれ日本人の『善意』の旗を立て、日本の再建に堂々たる汗を流し合おう。

われらは国民の最も信頼すべき層に真実の基礎を置き、われらは同時に、この階層の忠実な代弁者として精力的にやる……編集に対するあらゆる批判と忠言に常に責任をもって応ずる用意がある。ほんとうのこと、充実したこと、そして人間として恥《はずか》しくないことだけを雑誌に盛り上げる――この苦艱に満ちた年を迎えるにあたり、一言ご挨拶に代える次第である。」

言辞いささかウエットであるが、この気持はわたくしはいまでも変ってはいない。自分の雑誌がほんとうの日本の中産知識階級の味方であり、彼らとともに運命をともにするという気持も、いまでも同じである。

戦後、怒濤のように押し寄せた民主化運動、その多くのものは階級闘争と社会革新のスローガンを掲げて、一挙に古い日本を粉砕しようとした。その大勢が正しいものであることは事実であるが、しかし現実に国民の生活や感情は急速に変わるわけのものではない。古いもの、すべてが悪いのではない。国民全体が心理的虚脱に陥っているとき、いたずらに強い言葉や威勢のよい掛け声だけでこれを一方的に強引に引きずり、すべてを支配しようとする風潮に対して、わたくしなぞ全面的には、同調することができなかった。

きのうまで神州不滅とか、天皇帰一とか、夢のようなことをいっていた連中が、一夜にして日本を四等国と罵り、天皇をヒロヒトと呼びすてにしている。にがにがしいと思った。よろしい、みなさんがその料簡なら、こちらは反動ではないが、これからは、保守派でゆきましょうと思った。いい意味のブレーキをかけることなら、終局的には日本の進歩に対してよい結果をもたらすと思った。とにかく、メチャクチャの精神的混乱であった。人心の軽薄にして恃《たの》むべからざることを知るとともに、わたくしは当時、一種の無常感に陥ったことを告白しなければならない。

おそらく、平凡で堅実な中産知識階級の人たちも、職業的アジテーターのふる旗に、素直についてゆけないものを感じたのではなかろうか。これから編集しなければならない雑誌について、わたくしは以上のような感じから自然に生まれた姿勢をとることになった。

その年の十二月号の巻頭に、長谷川如是閑氏の「敗けに乗じる」という短いエッセーが載っている。これは嘗て小さな勝ちに乗じて、日本がズルズルと無謀な大戦争に進み、破局を迎えたように、われわれ日本人には物事に乗じて、無批判に猪突猛進する傾向がある。こんどの敗戦についても、農民は敗けに乗じて食糧を高く売りつけ、復員の応召軍人や徴用工員は、多少とも懐になにがしかの金を摑んで、負けに乗じて、ブラブラして、ヤミの物を食い歩いている。そのほか、「きのうまで、はなも引っかけなかった、思想犯人や危険思想家を、笠なしで野良の夕立に遇った連中が藷俵を奪い合って引っ担ぐように、担ぎ回っている。ジャーナリストなども敗けに乗じる連中にかぞえなければならない。少しは終戦直前までの自分たちをかえりみて、この人たちへも、世間へも遠慮するのが礼儀であり、良心的であろう」という痛烈なものだった。

また、

「その意味で自由主義でも、民主主義でも、いまの日本人は十分慎重に扱うべきで、戦争犯罪人が戦争で手に入れたブン捕品を扱うように濫用すべきではない。社会主義、共産主義に至っては、ますますそうなければならないわけで、よく自分の身柄、国柄を考えて、それを身につけなければならないのは常識だが、敗けに乗じると、そうした用意を怠け勝ちになって、兵隊のブン捕品の西洋人のダブダブの将校外套にくるまったような恰好を平気でするようになる。」

わたくしたちの言いたいことをズバリといった感じで、原稿を校正しながら、わたくしは何度も心に肯いた。敗戦という犠牲の上に得た、貴重なもの、慎重に扱うべきあらゆるものがむき出しのまま、神輿《みこし》でも担ぐような騒ぎのなかで揉みクシャにされている。しかもわれわれの父祖が長い経験の下に積みあげた日本のよさが、「封建的」というレッテルを簡単に貼ることによって、無残にも引きちぎられ、土足にかけられているのである。

いずれにしても『文藝春秋』がそのとき採った編集態度は、ごく少数の人々の共鳴を得たが、当時の大多数の風潮からいえば、白い眼で見られたといってよい。その一番いい例は、『文藝春秋』の編集は進歩的でないという用紙割当委員会の一方的判断で、用紙の配給が常に不当に低く割り当てられたことだ。長い間、『世界』や『中央公論』の割当量の半分か三分の一という時代がつづいたのである。ヤミの紙を買えば、数倍もするときに、公定価格で割り当てられる用紙がいかに経営上ありがたく、貴重のものであるか、だれが見てもわかることだ。こんな取扱いにあっては、経営が成り立つわけがないのである。わたくしたちは、長い間、歯を食いしばる気持でいた。

私事にわたって恐縮だが、その頃、わたくしは子供を喪《な》くした。母胎の栄養不良と肺炎のため早産した赤ん坊である。それでも人間零歳のこの子は、生きる努力をして、一昼夜弱々しく泣きつづけたものである。

金もないし、半分ヤケだったので葬式もせず、死体を進駐軍のビール箱に入れた。それは罐詰めビールが二ダース入る、ボール箱であった。これをかかえて京成電車にもまれて日暮里の火葬場へ行った。戦争で何百万人も死んだのに、まだこんなに沢山、人は死ぬものかと思うくらい、火葬場は満員だった。

焼いてみたら、骨があまり小さく、肋骨などマッチの軸くらいしかない。これらをていねいに集めて、持参したアメリカ製の白粉ビンにつめた。マックスファクターの空瓶であった。女の子だったから、こんなものを用意したのである。

後にこれを納骨する時、わたくしは自分で墓の穴に入って、父の大きな骨ガメのすぐそばにこれを安置した。「オヤジよ、この子を頼みます」と心の中で言った。すぐそのそばには、ニューギニアで戦死した弟の遺骨が、墓穴の湿気のため、ボール紙の箱が白い布を蔽ったまま、ペシャンコにつぶれていた。汚ないので、それをとると、中から小さな木の粗末な位牌が現われた。これが太平洋戦争の「英霊の遺骨」の実体であった。

文藝春秋社の解散と再建

解散と月給千円のスカウト

文藝春秋はその後、引きつづき三十二頁の小雑誌ながら発行され、次に別冊文藝春秋も新しく発売された。「別冊」の名前は当時の専務、永井竜男氏の創案で、この後、いろいろな雑誌に使われている。しかし金融緊急措置令が発令されて、預金封鎖、新円切換の措置が実施されると、社の金融は急速に悪化し、また紙はいよいよ不足を告げ、僅かばかりの配給紙もキップだけで現物化することが出来ず、ヤミによらなければ、ほとんど用紙を入手することができなくなった。またその頃からそろそろ戦犯追及の叫びが挙げられ、混乱はいよいよ大きくなった。菊池さんが文藝春秋社の解散を決意したのはこの頃だと思う。昭和二十一年の文藝春秋四、五月合併号(用紙難のために合併せざるを得なかった)に、菊池さんは解散の心境を自ら次の如く記している。

「文藝春秋社も、今回、解散することになった。主な理由は経営が困難であるからである。本社は数百頁の雑誌を四、五十万部出す機構でやっている。従って一カ月の経費は二万五千円乃至《ないし》三万円を要するが、現在は三十二頁の雑誌を僅か数万部しか出せない。将来もなんの見透しもつかない。本社が多年培った信用も、数十万の読者も、紙がなければ、なんのタシにもならない。ヤミの紙を買い漁って経営をつづけるような興味はないし、またそうした才能のある者もいないのである。機構を縮小して、月々五千円ぐらいの経費でやればやれるのだが、いまさらそんな整理なんかはやりたくない。解散を断行する所以《ゆえん》である。

戦争中も出版企業はいろいろ圧政や干渉を受け、相当の難行苦行であった。しかも戦争中、出版事業をどうにかつづけようとした者がヒドイ目に遇い、戦争中、軍需事業などで金を儲け、うまく紙を買い占めた者が戦後の出版界に栄えているのである。こうした時代には、いろいろ理屈にあわないことが行われるが、しかしそんなことを恨んでいても、キリはない。

文藝春秋の過去における仕事については多くをいいたくない。しかし本誌の廉《やす》い定価が雑誌書籍の一般定価に影響し、円本の流行の一契機となったことは周知のことである。編集技術としての対談会、座談会の開始、芥川賞、直木賞の創設、傾向としては、常に文芸中心の自由主義に終始し、誌上に明朗新鮮な空気を湛えていたことは、読者の知るるとおりである。ことに昭和十二年正月号において、ハッキリ『右傾せず、左傾せず、中正に自由主義を採る』ことを声明している。」

思えば悲痛な声明であった。

戦後、周知のように、出版社が雨後の筍の如く生まれた。戦争中、企業整理のために二百軒ぐらいに制限された出版社が、一挙に四千軒余になったのも、このときである。『リーダーズ・ダイジェスト』が素晴らしい人気を呼んで、日本の雑誌界を睥睨《へいげい》したのも、この頃からである。久しく弾圧されていた『中央公論』『改造』がいきいきとその本来の面目を取り戻して、再び生まれたのも、このときである。いままで書籍出版社であった岩波書店が、同心会の有力な顔触れを揃えて、『世界』を創刊し、これが総合雑誌界に新しい分野を開いたのも、このときである。

また『文藝春秋』のお株を奪ったような新雑誌が生まれたが、これは鎌倉文庫の『人間』であり、新生社の『新生』であり、筑摩書房の『展望』である。いずれも新しく新鮮な雑誌であった。

こういう時代に、文藝春秋社だけがいつのまにか旧態依然として、老頽の趣きさえ帯びてきたことについて、われわれの責任も重い。要するに新しい時代に即応して、猪突猛進する気魄が経営陣に、そして、ひいては編集陣にも乏しかったのである。わたくしなど、どのくらいこのことについて切歯扼腕したかしれない。他の社でやれることを、うちが出来ないわけはない。しかし現実に菊池さんのいうとおり、紙がなく、しかもヤミ紙を買ってまで事業に猛進する決意と度胸が、社の幹部にないかぎり、雑誌をつづけることもできないし、また社全体の空気も沈滞せざるを得なかった。

その頃の或る日、わたくしは菊池さんのお宅を訪れて、自分の気持をそれとなく話したが、先生は沈痛な顔で、

「とにかく時代が悪いよ。うちの社じゃ、もうとてもこの難局面にぶつかって行くような者はいないじゃないか」

といった。これは幹部ばかりでなく、わたくしに対する不満でもあったのだ。

「久米（正雄）なんかもうちの重役だし、社がいまのように辛い苦しいときには、当然味方になってくれると思ったが、鎌倉の連中と一緒に鎌倉文庫に行ってしまって、文藝春秋と似たような雑誌を出しているんだからなァ」

といって歎いた。

菊地、久米といって、いつもコンビと思われ、ジャーナリスチックにいえば、ある時は菊池氏の下流に立つように見えた久米さんであったが、いろいろな事情があったのであろう、自分が中心になって、新しく『人間』を発行したわけである。菊池さんの歎きもわからないではないが、久米さんの気持もわたくしには理解できないこともない。要するに革命期であった。

この頃、私は白木屋の二階にあった鎌倉文庫に友人の大森直道君（編集局長）を訪れた。大森君は久しく『改造』の編集長であり、横浜事件でひどい目に遇ったが、このとき彼

は鎌倉文庫の編集の中心となって、いきいきと働いていた。鎌倉文庫の編集室はそれほど広いところではなかったが、次々と新雑誌を生み、その編集室のなかは一種異様な活気に溢れていた。電話のベルが鳴りつづけ、人は右に左に小走りに走る。この活気こそ、ほんとうの雑誌社なのである！それと比べて、文藝春秋の沈滞した空気は私を悲しませた。大森君と話をしていながら、わたくしは（文藝春秋も、なんとかしてこの鎌倉文庫の半分ぐらいの社になったらいいな）と、そのとき思ったことである。

当時、社は解散し、わたくしたちの新社も海のものとも、山のものとも分らない時であった。いろいろのことがまだ緒につかず、暗澹とした気持だったので、なおさらそういう気がしたのであろう。

戦後出版界の彗星といわれた新生社も、われわれのすぐ隣りの大阪ビル旧館でスタートしている。わたくしはいまでもこの雑誌『新生』の創刊当時のことを思うと、一種の興奮を感じる。白面の社長、青山虎之助さんは思いきって高額の原稿料を払って、続々と有力な執筆者をその陣営に加えてしまった。当時、洪水のような雑誌の印刷で、印刷所の状態も逼迫して、これが雑誌発行の大隘路になっていたが、青山さんは普通の印刷所を避けて、新聞社の輪転機にかけて、一挙に『新生』を大量に、猛スピードで刷っていた。こういうことは従来の玄人筋の雑誌経営者では到底思いも及ばない勇断であった。わたくしなぞは仰ぎ見るほどであった。『新生』に次ぐ新雑誌『女性』も大成功であった。

毎朝、わたくし共の編集部の窓から旧館の新生社のほうを見ると、何十人という小売屋さんが背中にリュックサックを背負って、新生社の雑誌を仕入れに来ている。その盛況をわたくしたちはただ溜息をもって見守るばかりであった。

のちに社の解散のとき、青山さんは機敏にも文藝春秋合併を思い立ち、小島政二郎氏、舟橋聖一氏の手を通じて働きかけてきた。わたくしは当時、舟橋聖一さんのお宅へ呼ばれて、舟橋さんから、

「菊池さんが辞めたあとの文藝春秋を、君たち編集者だけでやっても自信がないだろう。やはりいい経営者がいなければダメだ。それには新生社の青山君はぼくの友人だが有能だから、君たち全部、青山君のところへ行って、文藝春秋を新しく創ったらどうだ。君個人に対して青山君はひじょうに好意をもち、いま君がいくら月給を貰っているか知らないが、千円出すといっているよ」

と、切に奨められた。スカウトである。

当時わたくしの月給は二百円くらいであった。ただ文藝春秋編集長であるというだけで、世間的の実績ももたないわたくしに対して、千円の値段をつけてくれたことに、わたくしはいまでも心のなかで感謝している。青山さんの心の中には、文藝春秋の看板代もその中にはかなり含まれていたことだろう。しかしわたくしや、社に残った同僚の気

持は、ほかの社にもって行ってまで文藝春秋を出したくない。なんといっても文藝春秋関係の者だけで、どんな苦労をしても、この古いノレンを盛りたててゆきたいという気持であった。

菊池さんが社を解散すると決まったとき、われわれは当然のことながら、これに猛烈に反対した。この期に及んで菊池寛ともあるものが、逃げるというテはないと思ったのである。いま会社を解散されては、これから先われわれ社員の生活は一体どうなるのだろう。先に述べたように、数多くの新雑誌が出て、しかもそれが読書界の歓迎を受けているのに、文藝春秋だけが用紙がないという理由でその線から落伍するなどということは考えられない。雑誌は今や出しさえすれば売れるのだから、万難を排してもやるべきだというのがわれわれの主張であった。

二十万円の資本金と横光利一社長説

社員だけの会議が何度ももたれ、時には菊池さんに不愉快な思いをさせたことは事実である。菊池さんは仕方がないと思ったのであろう、最後に、「まあ、君たちだけでやってみるんだね」といって文藝春秋の発行権をわれわれに譲ってくれた。しかし、わたくしたちにはシャッポがなかった。新しく指導者を探さなければならない。そのとき、全員の口に期せずしてのぼったのは佐佐木茂索氏であった。

佐佐木さんは戦争中以来、ほとんど社に出社しないし、伊東に隠棲中であったが、われわれの記憶にある限り、佐佐木専務が社務の中心に立ったときのみ、社の人事は公正であり、経済的の繁栄があったということである。

これは余談であるが、当時、わたくしは家が近かったので、菊池氏の宅へ何度も伺って、新社の構想を相談し、また打診した。菊池さんは、

「自分が辞めるんだから、君なんかもサッパリ文藝春秋をやめて貰いたかったんだ。しかし君たちが無理にも出したいというんだから、僕としても反対しないんだけれども、君たちがやれば、すぐ潰れるね。菊池寛の名の無い文藝春秋じゃ誰も買ってくれやしないよ。まあ、やってみるんだね。ボクのいったこと、必ず思い当るよ。」

わたくしたちも新社の将来にそれほどの自信があったわけではない。ただ已むに已まれず乗り出したまでのことである。そのとき、菊池さんは、

「君たち、社長をだれにするつもりなんだい」

と訊いた。その頃はみんなの相談で佐佐木さんをお願いするつもりでいたのだが、

「そんなら先生はだれがいいと思いますか」

といったところが、菊池さんは、

「そりゃア、君、横光利一を頼めよ。彼は人間として信頼できる男だ」

といった。

横光さんは人間として立派な人かもしれないが、経営者としては到底、わたくしは菊池さんの意見に同意するわけにいかない。それでわたくしは、

「実はみんなの意見で佐佐木さんにお願いするつもりです」

というと、菊池さんは、

「そんならそれが一番、筋が通っているだろうね」

と賛成してくれた。しかし、そんなにはれやかな顔をしなかった。菊池さんと佐佐木さんは性格が正反対のところがあった。菊池さんは、佐佐木さんの細心緻密な頭脳を大いに買っていながら、本心はケムったかったのであろう。会社経営という点から、放漫な菊池さんのやり方に、いつもブレーキをかけたのが佐佐木さんだったからである。

三月十二日、私は鷲尾洋三、沢村三木男、車谷弘、古沢線一の四君と一緒に、伊豆の伊東の佐佐木茂索氏宅に向った。ひどい混雑で、窓ガラスなぞほとんどない汽車が、それでも時間どおり夜おそく伊東に着いた。真ッ暗な夜道を佐佐木さんの宅へ伺い、われわれの考えている新社創設について、社長としての出馬をお願いした。しかし即答は得られず、

「まあ君たちの仕事を側面から援助するよ」

という言葉であったが、それからわれわれはなお二、三回、伊東へ出掛け、どうして

も新社の面倒を見ていただくことを頼んだので、佐佐木さんの意も動いたと思う。やがて菊池さんを訪問して、新会社設立のことで、菊池さんの諒解を得、つづけて資金面で旧知の大倉喜七郎氏を訪ねて、二十万円の資金を獲得した。今日の文藝春秋あるのは、この二十万円がもとである。

なお忘れてならないのは、当時の凸版印刷専務、山田三郎太氏（現社長）の好意である。印刷屋は出版界ブームによって、あり余る仕事を抱え、到底、新しく雑誌の印刷を引き受ける余力に乏しかった。文藝春秋は創刊以来、小石川の共同印刷で刷っていたが、共同は戦災に遇って、ほとんど壊滅状態に陥っていた。戦後は新たに凸版印刷に委託したのであるが、旧社は解散となり、ここで更に凸版に一肌ぬいでもらわなければ、どうにもならぬ状態であった。資金は僅か二十万円であり、われわれの手持ちの紙はほとんど皆無に近かった。山田さんは、このとき、

「文藝春秋の印刷を引き受けます。そしてまた、紙がなければ、凸版印刷でもっている手持ちの紙を融通して刷ります。印刷代は雑誌が売れたあとで、けっこうです」

という、思いもかけぬ好意的な言葉であった。私はこのとき、凸版印刷の専務室で、山田さんの顔を見て、心のなかで頭を下げた。

今日でこそ文藝春秋社の声名はとやかくいわれるが、当時は名前こそ通っていたが、その内実は尾羽打ち枯らした社である。われわれ若い者が孤立無援の状態で、ただ古い

看板を背負って立ち上がっただけのときである。山田さんの言葉は、実にありがたかった。

この後、文藝春秋のほかに、『オール読物』再刊のことが決まり、わたくしは係りの者と一緒に、『オール読物』創刊以来、刷ってくれた或る印刷所に出掛けて、再刊のことをお願いした。そのとき出てきた営業部の若い課長が、わたくしたちのいうことを聴いていたが、やがて、

「そんなことをいっても、いまもう、われわれは仕事を手いっぱいに抱えていて、どうにもなりません。先き様から紙もドンドン運び、わたしたちのいう値段でやってくれるところだけがお客様です。なるほど文藝春秋社は、昔は立派な出版社かもしれないが、文藝春秋社だけが雑誌社ではありませんからね」

といった。

（文藝春秋社だけが出版社でない）というこの最後の言葉を、わたくしはいまでも忘れることができない。結論からいえば、山田専務は目前の商売を忘れて、われわれの将来に賭けたのだし、次の某社はその時の商売上の常識でハッキリとしたことをいったまでのことである。いまになって断られたことに旧怨はないが、想うにビジネスというものは、どんなにむずかしいことか。この二つの印刷会社のとった態度こそ、仕事をする者にとって、大きな教訓であると、いまでも考えている。

三月二十三日、大阪ビル内の旧文藝春秋社内に文藝春秋新社が設立された。「新社」という言葉は佐佐木さんの命名である。「新文藝春秋社」といえば当時の常套用語であろうが、それでは却って新味がないから、むしろあとに「新」をつけて、「文藝春秋新社」といったほうがいいというのである。のちに各出版社のなかに「新社」という言葉が使われたが、このことも一応記して、この由来を明らかにしておいたほうがよいであろう。

四月二十七日に新社創立のパーティが開かれた。大阪ビル内の旧編集室内にささやかな提灯をブラ下げて、生ビールを二樽、工面して、印刷・用紙、執筆者関係、約百名を招待した。当時の事情として、東京に住んでいる寄稿家は少かったが、それでもかなりの人がその席に顔を並べ、われわれのスタートを祝福してくれた。その好意も忘れることができない。

その直後にあった新社最初の入社試験で、現『文藝春秋』編集長田川博一君が入社した。

石が浮び木が沈む時代

昭和二十一年五月、新社の手になる『文藝春秋』復刊第一号が出来た。六月号であった。定価は五円。表紙は梅原竜三郎氏の富士であった。長い間、戦争でみすぼらしい雑誌ばかり見馴れていた読者に、一つ、華やかな表紙を提供して、アッと驚かせようという企画で、梅原さんにお願いしたのである。

この見本が出来上がったという印刷所の電話で、わたくしはとび立つ思いで凸版印刷へ駈けつけた。いま見ると、表紙の紙も貧しいし、四色刷りの印刷も上出来とはいえないが、その時は実に鮮やかな表紙と思い、わたくしはこれを胸に掻き抱く思いで持って社に帰り、十二、三人ばかりの社員全部へその喜びを分かった。

嘗《かつ》て百人になんなんとしていた社員も、新社創立当時は十一名であり、新しく入った田川君や女子社員、給仕など含めても二十人足らずのささやかな世帯であった。いま思えば懐しい。みんな、よく心を合わせて団結した。手が足りない時は互いに助け合い、編集も営業も区別なかった。わたくしは、別に精神主義者ではないが、新社成功の要因の一つは全社員の精神団結であると思っている。月給も全員、五百円ずつ、同額の月給を貰った。これは雑誌の売上げから出たのではなく、現『オール讀物』編集長の小野詮造君がほかから都合してきた金を社が借りて、みんなに分けたのである。

当時、雑誌は出しさえすれば売れている時代であったので、復刊『文藝春秋』は飛ぶように売れた。これから当分の間は、雑誌が出来ると、リュックサックを背負って、市内並びに近県の本屋さんが社の門前に行列をつくるという風景がつづいた。現在の出版界の状況から見ると夢想だにできない様相であった。

よいことがあると、必ずそのあとに悪いことがある。文藝春秋復刊の喜びに浸って間もなく、突如、六月十五日に、事務所があった大阪ビルが接収された。接収命令から公式に引き渡すまで僅か十日間という短い期間である。新しい事務所など、とても探す余裕はない。それに、当時はビル接収が相次ぎ、各会社は事務室を求めて狂奔していた時代である。それでも手分けして、ずいぶんあちこちとんで歩き、一時、品川のほうに適当な家をみつけて、そこに文藝春秋新社を置こうではないかということまであったが、幸いに佐佐木さんの努力で、最後のギリギリになって大阪ビルのすぐ裏の幸ビル三階に僅か八坪の空室をみつけた。これは戦争中、薼田均氏の法律事務所があったところで、佐佐木さんの努力で薼田さんの快諾と、ビルの経営者である東洋製罐社長小林冨佐雄氏（前東宝社長）のなみなみならぬ好意を得て借りることができた。

三十日の引越しの情景は当時の社員であった者には忘れられないところである。大阪ビルの入口にはアメリカ軍の兵士が頑張っていて、少しでも新しい机や椅子を運ぼうとすると、たちまちチョークでマークされ、「これは置いて行け」といわれるのである。仕方がないので、こっそり金を彼らに握らして、少しでもよい机、椅子を運び出すという、うら悲しい敗戦風景が見られた。引越し先がすぐ近くなので、トラックも要らず、その点便利であったが、重い金庫を運ぶときにはみんなアゴを出した。しかし協力一致というものは怖ろしいもので、だれも外部からの手伝いがあるわけでなく、われわれだけの力で、これを階下に降ろし、再び新事務所まで運び上げたのである。

やがて引越しが終ってガランとした旧オフィスのなかで、夕方、女子社員が炊いてくれた雑炊に一同、舌鼓を打った。この雑炊を炊く燃料は編集室の中にあった古雑誌である。雑炊の中に何が入っていたか、しかと憶えていないが、重労働のあとの大饗宴という感じがした。

雑誌は順調に発売され、返品も皆無であり、新社のスタートは快調であったが、やがて第二の危機が襲ってきた。それは紙の値上がりである。ヤミ紙が毎日といっていいほどグングン上がる。前号の売上げすべてを投じても、次の号のヤミ紙を買うことができない。これでは紙はいっそ印刷して雑誌にするより、そのまま白いうちに、翌月売った方が儲かるという事態である。これはいったいどうなることかと空恐ろしくなったほどである。旧文藝春秋社はヤミ紙を買う蛮勇に乏しかったが、今やわれわれは怖いものがなかった。裸一貫であるからツブれてもともとである。死中に求めるものは活ばかりである。これほど強い立場はない。しかも資材面で有能な者がおり、無理をして買い込んだものである。

紙の値上がりでわれわれが途方に暮れたとき、佐佐木さんは、

「こんな事態はなんでもないね。雑誌社の危機というのは雑誌が売れなくなったときだ。

雑誌がいまのように売れている間は少しも危機じゃない」

といっていたが、経営者として長年の体験から浸み出たこの言葉に、みんな勇気づけられた。

ヤミ紙といえば、当時のヤミ屋のことを思い出す。ほとんどのヤミ紙は第三国人の経営の新聞社から出たものである。新聞に対する紙の配給は当時、順調であり、ことに第三国人の新聞社は大威張りで公定価格の紙を獲得し、そのほとんどをヤミに流していた。日本の内閣用紙割当委員会は、「文化建設」の名によって、彼らを肥していたわけである。彼らとその代理人は一種の「乱世の雄」であった。いっそサッパリしたくらい商魂に徹していた。ハッキリした商売だから、こっちもその気で立ち向えば、事はスムースに運ぶのである。思えば彼らにずいぶん儲けられたものだが、また彼らのためにわれわれの雑誌も発行をつづけることができたのであるから、考えようによっては一種の恩人である。彼らは今、どうしているだろう。大儲けした彼らが、韓国や、台湾に帰って、朝鮮戦争や中国の内戦でクタバッていないことをわたくしは祈る。

これらのヤミ紙は主に新聞の巻取用紙であるが、新聞巻取は新聞用の輪転機のサイズに合わせて作ったもので、文藝春秋のようなA判の雑誌を刷るには、この端を何十センチか切らなければ、印刷の輪転機にかからない。

こうした或る日、文藝春秋社に不思議な風体の人物が現われた。彼は浅草鳥越に住んでいる木樵《きこり》であった。雑誌社に木樵が現われるというのは、まことに妙な取り合わせだが、実はこの木樵はわれわれにとって大へん重要な人物だったのである。それは新聞巻取を雑誌用のサイズに切るためである。紙は木材パルプから造られるが、巻取紙のようになると、これは紙ではあるが、むかしの木材にかえったかと思うほど固く重い。これをノコギリで横に断ち落とすということは木樵でなければできないのである。彼らは直ちに凸版印刷に案内され、そこで毎日作業に従事した。日当も相当であったが、なによりわれわれが頭を悩ましたのは、彼らが大めし食いだったために、彼ら用のヤミ米を探さなければならないことだった。

ヤミ紙はあくまでもヤミ紙で法律違反である。これを運ぶのに神経をつかった。商談は成立してもこの紙の受け渡しが面倒であった。ヤミである性質上、人を頼んで運ぶわけにもいかないし、また頼めるような人手の余った時代でもなかった。已むを得ず、この運搬にはわれわれ社員全部が当った。深川方面の小さな倉庫に、指定されて行ってみると、これは、と思うほど巻取紙がゴロゴロしていた。(へえ、あるところには、あるもんだな)と感心した。倉庫番に適当に話をつけて、それからトラックで運ぶのであるが、百数十貫の巻取紙を動かすのは重くて容易なことでなかった。わたくしたちはみな復員服に身をかためて、このトラックの上乗りをした。天気のいい日など、フル・スピードで走るこのトラックの上にいると、一種の爽快感があった。ヤミとはいえど、自分の雑誌を作る紙と思えば、ありがたかったし、しかもこの上にデンと腰をおろして、焼跡だらけの東京を凸版印刷のある板橋の志村まで突ッ走る気持は、そんなに悪いものでなかった。

わたくしは兵隊時代、千歳でトラックの上乗りはずいぶんやった。もっともこのときの荷物は紙ではなくて、兵食用の野菜とか、或いは身欠き鰊であったが、そのとき鰊をコッソリ抜いてポケットにしまい込んで、のちに班の仲間に分けて、ずいぶん喜ばれたことなどを、そのとき思い出した。

用紙代がかさむので、原料高になり、新社の経済状態は予想より良好とはいえなかったが、しかし、せっせと働くことは愉しかった。インフレに月給はとても追いつかず、わが読者諸氏と同じく、この時はわれわれも貧乏したものである。しかし、いまから思えば、みんなずいぶん働いたものである。家内の話によると、あの頃はわたくしは夕方、社から帰ってくると、酒も飲まずに簡単な夕飯を食べ、終るとまたすぐ眼の色を変えて、仕事で真暗の戸外へとび出したといっているが、そんなこともあったかと思うほどである。戦争中のあの言論不自由な時代とくらべれば、今やジャーナリストにとって、最も働き甲斐のある時代であった。時代はよし、しかもわたくしも四十になったか、ならない頃で、いままでの雑誌記者としての経験も、及ばずながら熟してきたし、健康状態も上々だった。自分の編集方針に対して、うるさくいう小姑は一人もいないし、存分の活躍ができた。金庫のことは社長はじめ担当者がしっかりしているので、わたくしは、自分の職務である編集だけに専念できたのはありがたかった。

その頃、菊池さんのお宅をよく訪問した。菊池さんは文藝春秋から手を引いたが、大映の社長で、かなり忙しかったが、しかし、映画会社の社長であっても、自分が手塩にかけた雑誌から離れたということの淋しさは、さすがに蔽うべくもなかった。

「新社はどうだい。うまく行ってるかい」

と、いつもいろいろ心配してくれた。私は紙の状況やその他、いろいろな困難なことを説明したが、いつも、「フンフン」といって肯いてくれた。

そんな時の或る日、菊池さんは憮然とした顔で、

「きょう、Sのことを聞いたけど、彼は戦後すごく景気がいいそうじゃないか。驚いたことだね。昔の人はいまのようなデタラメな時代を、石が浮いて、木が沈む時だといっていたが、なるほどあんな男が出版で大儲けをしているんだから、イヤになるね」

といった。

S君というのは、もと文藝春秋にいて、私などより後輩だったが、戦争末期に社の小切手を改ざんして、数万円、いまの金にすれば一千万円に近い金をチョロまかした男である。戦争末期の頽廃期とはいえ、こんなひどい編集者もいたのである。そのことが発覚して、すぐ警察に逮捕されたが、警察で取調べ中、

「文藝春秋は自由主義の会社だから、自分は癪にさわって、こういうことをした」

といったそうである。

当時、自由主義といわれれば、赤といわれたとおなじ時代であった。現在なら反動分子とかファシストといわれたほどの致命的レッテルである。盗人にも二、三分の理屈があるというが、彼のいったことは理屈もクソもない。わたくしなぞ、金のことよりその言葉を人伝えに聞いただけで憤激したものである。

この人物は留置場にいるうちに、幸運にも赤紙を貰ったために釈放され、軍隊へ入ったかと思うと、身体検査で不合格となり、首尾よく早々に裟婆へ立ち戻り、戦後すぐ地方へ行って、出版活動をやり、猛烈に当った。東京など、たまに出てきて、もとの同僚をつかまえては札ビラを切って御馳走していたが、わたくしは彼と口もききたくない気持で、苦々しく思っていた。Sの仕事はその後、数年ならずして出版界が正常化するとともに、没落したが、菊池さんにそれまで生きていてもらいたかった。石は沈むものであり、木は浮ぶものであるという、素朴な正義の実現をその目で見て、死んでもらいたかったとしみじみ思う。

戦犯と追放さわぎ

戦犯という言葉がある。戦争犯罪人のことである。ことに主戦論を唱えた連中が戦犯といわれるのは当然である。アメリカは各界の指導級人物の追放を指定した。彼らが南北戦争を終って、南軍の関係者を公職追放した前例によるものであるが、当時の日本人としては、これは初めての経験であり、そのためにいろいろな混乱と悲劇があった。

出版界の追放は、昭和十六年十二月八日当時における社長、重役、各部長がこれに該当するという一律のワクで行われたから、少くとも歴史のある社は、ほとんどといっていいほど、これに引っかかった。首脳部は総退陣ということになった。

出発早々の新社もこの渦巻に巻き込まれ、社長の佐佐木茂索氏が仮指定を受けた。「東条のハラキリ」を予言して社務を去った佐佐木さんが、皮肉にも追放になったので、この追放のワクがいかに機械的な、実情に添わないものであるかがわかると思う。わたくしも一時、仮指定を受けるはずであったが、前述のように雑誌発禁事件などがあって、これを免れることができた。しかし一時はまったく覚悟して、雑誌界を去って、学校の先生でもやろうと思った。しかし社の同僚たちがそのために酒席を設けてくれて、わたくしを慰め、「なんとしても君と一緒にやるから」といってくれた厚意は忘れられない。

佐佐木氏は追放の仮指定を受け、社の実務にはぜんぜんタッチできなかったが、幸いにして、当時、京橋に新しい販売会社をつくり、そこの事務室が空いていたので、佐佐木氏にはそこにいて貰って、直接、社務とは関係なかったが、われわれは個人的な資格で、そこを幾度も訪れ、社の運営についていろいろ相談をもちかけ、またその忠言を得た。厳密にいえば追放令違反であったかもしれないが、規則そのものが不完全であり、不合理であるがために、われわれは敢えてこれをしたのである。

これは余談であるが、源氏鶏太氏に聞いた話がある。源氏さんは財閥会社の社員であったので、大会社の追放問題についていろいろの経験がある。源氏さんの結論によれば、追放された社の幹部を、その後冷遇していた会社で栄えたところはない。好機逸すべからずと、新しい経営陣に辷《すべ》り込み、旧上役の旧誼に背いた連中の会社はほとんど、よくなっていない。ところが、追放された旧幹部をあたたかく見守り、その後、その復帰に対して力を注いだ会社はほとんどその後、順調な発展をつづけているというのである。これは徳義という道徳論のほかに人的結合を主軸とする日本の会社の運営というものの或る本質を示していると思う。

この追放問題はいろいろの弊害を生んだが、しかし反面、組織の若返りという点で、アメリカが期待したような効果も挙がっていると思う。わたくしたち編集者に対することの問題の最大の教訓は、編集長の責任問題ということである。わたくしの経験によれば、戦争前の雑誌編集長は必ずしもそれほど大きな地位ではなかった。月給も普通の部員とそれほど違わないし、特別に大きな手当が出るわけではない。入社年次の順によって編集長にされたり、或いは部内統率と、その勢力の均衡上から、さして適任者でない者が編集長に選ばれるということもあった。つまり編集長という地位が今日ほど強力ではなかったのだ。

この追放のおかげで、編集長はミソもクソも追放されることになった。自分のつくる雑誌に対して、強力な責任をもたされたわけである。わたくしなぞ、不覚にも編集長の地位をそれほどと思っていなかったが、追放令が施行されるにつれて、これは、編集長というのは大へん重要な仕事であったのだということに気がついた。これはアメリカへ行っても、ヨーロッパへ行っても、編集者、特に編集長の地位がいかに重く、また世間も重視しているかということを知るに及んで、いよいよその感を深めた。皮肉にも、この追放指定は日本の編集長の責任感の自覚を強め、同時に社会的地位の向上を生んだわけである。

菊池寛氏は当然、公職追放に遇って、その前から新社とはなんの関係もなかったが、大映社長の地位を退かなければならなくなった。こんなとき、特別に弱気を吐く人ではないが、菊池さんらしい憤慨の声を聞いた。

「僕を戦争協力者として追放ナンて、アメリカの恥辱だよ。戦争になれば、その勝利のために尽すのは、アメリカ人だろうが、日本人だろうが、国民に変りなく当然の義務だ。僕はこんな戦争に賛成ではなかったが、始まった以上、全力を尽して敗けないように努めたのは当り前だし、むしろそれを誇りに思っている。僕のようなリベラルな男を追放するナンて、バカバカしいね」

といっていた。

菊池さんは骨の髄からのリベラルな人だったが、また明治生まれの人らしい一種の素朴な愛国者であった。戦争を憎みながらも、戦争に敗けてならない日本を期待して、そのための努力をしていたのである。彼のように人生を楽しむことの好きな人にとって、戦争の不自由さはどれほど辛かったか、想像に難くない。また戦争のためにたくさんの人が死に、そのために多くの家族が路頭に迷っているのを黙って見ていられない人だった。

戦争中、菊池さんは小石川にあった失明軍人寮の人たちを、自費で全員、茗渓会館に招待した。そのときわたくしは手伝いに出掛けたが、何十人という全盲の人たちを前にして、菊池さんは涙の出るような演説をし、また彼らが洋食を切るナイフやフォークのおぼつかなげな手つきを見ると、わざわざそこへ行って、手を貸してやるのをわたくしは見た。

その席では流行歌手が歌ったり、落語があったりして、失明軍人たちは大喜びだった。

彼らの代表者として、海軍の兵曹長が立ち上がって謝辞を述べたが、この人の挨拶は喜びと涙で、とぎれとぎれであり、

「国家はわれわれのためにあらゆる援護施設をしてくれたが、個人としてこんなにあたたかいもてなしを受けたのは初めてである」

といっていた。

この挨拶を聞いている菊池さんは、のどをヒクヒクいわせて嗚咽していた。

社員の出征のたびに盛大な歓送会が行われたが、このとき菊池さんの挨拶にはいつも必ず「生きて帰れよ」という一点張りであった。どういう加減か、その頃の菊池さんは涙もろく、その挨拶が済むと、いつもハンケチで眼を蔽うのを、わたくしたちは見逃さなかった。出征するわれわれの同僚たちがこの姿を見て、感動しない者はなかった。

戦後、『心』の同人で或る有名な方に会ったことがあるが、この人は、

「この間、同心会を創って、各界のいろいろな人に参加して貰ったが、菊池君を入れるかどうかで、だいぶ揉めたんだよ。しかし戦争中の彼の協力振りをいう人があったので、勧誘するのをやめたんだ」

といった。

ほんとうにそういうことがあったのかどうか知らないが、それを聞いてわたくしはずいぶん腹を立てた。戦争中、ずいぶん偉いような顔をし、国家の官立大学などで、国家

の恩典に狙れた学者が涼しい顔をして国難から特別席に坐っていた。また、いられる地位にあったのである。しかし菊池さんのような社会的存在になった場合、戦争から無瑕《きず》で明哲保身の道を講じられるわけがない。文芸家の協力団体の会長に祭り上げられるのは、不本意ではあっても、已むを得ないことではなかったろうか。何びとがこの人を責める正しい資格をもっているであろうか。

菊池さんばかりではない。大なり小なり、こういう悲劇が追放問題には附随した。個人ばかりではない。戦時中の行動をもって、戦後は真正面からこれを戦犯出版社と呼ぶ人がたくさんあったわけである。わたくしなどの見るところでも、たしかにこれこそ戦犯出版社であると思うものは少くなかったが、しかしそうでないものにまで、糾弾が、一種の抑えつけられた嫉妬が爆発したような形で行われているのは、見ていて笑止だった。

当時、出版界に戦犯出版社を糾弾する専門委員会なるものがあって、最初は一種の人民裁判のような激しいことが行われた。戦争中の有力な出版社はみなこの槍玉に上がって、いやな思いをさせられたが、その席で新潮社が呼ばれ、或る委員から、

「なぜこんどのような侵略戦争に協力したのか」

と言い寄られたとき、中根駒十郎さんが、

「私は一介の商人で、戦争を起せなどといった憶えはない。しかし戦争が始まり、お上

で、『戦え』というので、一生懸命それに協力しただけである。侵略戦争などということは夢にも知らなかった。それにしても、あなたは水臭いじゃないですか。あなたと私はおなじ業者として、多年、知らない仲じゃない。それなのにどうしてちょっと耳打ちしてくれなかったんですか」

といった。

これは有名な話で、当時聞いて苦笑いしたものだが、おなじ業者で責任を責めあうという醜い悲劇であって、ただ笑って聞くだけでは済まないようなものを感じる。田村町の飛行会館で行われた出版「人民裁判」を、わたくしはちょっと覗いたことがあるが、激しい怒号と、裁く側には一種の思い上がったポーズがそこにあった。戦争中、「お前のような国賊出版社……」といって責めつけたとちょうど同じ精神の狭さをそこに見て、心暗かった。

当時のこの戦犯出版社追及問題が、その後いつまでもシコリになって、日本の出版社が一つになった大同団結がいまだに出来ていないことは、周知のとおりである。ひとの傷痕を癒やしてやるのでなく、むしろそこに手を突っ込んで掻きまわすような無残なことが、どんなに長く憎悪と怨恨のモトになるか、このことをもってしてもわかる。

もっともわたくしはこの言論界の戦犯追及が合理的にだれにでも納得のゆく形と結果になっていたら、むしろそれは必要であったと思う。攘夷などと時代離れのスローガンを叫んで、戦いを煽った志士とか国士とか自任していた連中は、その責任を感じて、腹でも切るものと思っていたが、言論人でそんなことをした者は一人もいなかった。命をソマツにしないのは結構だが、人にそれを強要してリッパな顔をしていた連中が、知らん顔をしているのは、何だか合点いかない。日本人の悪い癖で、何事も頬かぶりで責任逃がれをし、現状を糊塗するというだけでは、この問題は済まされない。激しい思想の対立の渦にある日本として、悲しいことだが、将来もこういうことが行われることは絶無とはいえない。真の敵が何であったかについて、公正冷静な判断は、いつでも必要なことではなかろうか。

静かなるアメリカ人

戦犯の問題と同時に起ってきたのは、対GHQとの関係であった。

アメリカは最初、日本を再教育しようという建前であったから、出版社に対してそういう意味で、その政策の手を及ぼしてきた。初めは講義を聴かせるというやり方だった。各社の編集責任者を呼んで、向うの講師が通訳つきで講義を始めるのであるが、「民主主義とは何ぞや」というような題で、タップリ退屈な講義を聴かせた。ところが千篇一律な話で興味がないので、みんな出席しなくなった。こんなとき、わたくしはGHQの

或る婦人将校から呼ばれて、

「なぜあなた方はこういう有益な講演を聴こうとしないのか」

と、やんわり詰め寄られたことがある。

わたくしはこういうときには、アメリカ人にはむしろハッキリいったほうがよいと思ったので、

「せっかくですが、あなた方の話はわれわれにとって耳新しいものでもなく、興味のあるものでもない。あなた方は敗戦国の日本の編集者をどう思っているかわからないが、お国のエディターとおなじように、日本のエディターは相当の知識人である。ほとんどの者が大学教育を受け、しかも数十人に一人というような厳重な入社試験を受けてパスした連中が集まっているのだから、デモクラシーについて、相当の知識はあるのである。その間に長い戦争時代を経てはいるが、民主主義というもののあるべき姿は、かなり理解しているつもりである。ハイスクールの生徒にやるような講義を聴いて、われわれが満足するわけがないではないか」

といったところ、その婦人は黙ってしまった。その後、われわれの出席を強要することがなかったことから見て、わたくしのいったことは或いは彼らの同意を得たのかもしれない。

その頃、発足早々の新社に、日本語の流暢なアメリカ将校が二人現われた。いろいろ

な話をしたが、彼らの来社の真意は、われわれの雑誌にローマ字採用を奨めに来たのである。日本の進歩が遅れているのは、こんな複雑な国語問題が大きな原因であるから、ぜひこの際、有力雑誌社が中心になって、ローマ字にして貰いたい、一挙に執筆者にこういうことを強制することはできないから、雑誌社のほうで、ローマ字で書いた小説や論文には原稿料を五割ぐらいよけいに払うようにしたらどうかという、まことに勝手な、また楽観的な、アメリカ人らしい勧告であった。ローマ字論者からいえば絶好のチャンスであったかもしれぬが、わたくしのように国語国字問題ではむしろ保守的な気持の者は、このとき一社でもローマ字を採用した社がなかったことを喜ぶ。敗けた勢いに乗じて、こんなことまでされたのではたまらない。

日本の国語問題は日本人だけで合理的に考え、そして正しい方向に一歩、一歩と進んでゆくべきものだからである。

敗戦の日の千歳基地で、わたくしが老士官に説明したように、アメリカは占領軍としての当然の権利によって、検閲制度を始めた。ただこれは、わたくしの主観だけでは、日本の軍部の検閲と違って、時には非常識であったが、それほど強圧的ではなかったと思う。しかし言葉の違う国民が行う検閲には実は閉口した。日本語は独特のものである。それは彼らにとってきわめて曖昧な表現として眼に映るが、われわれにとっては、具体的な表現よりもむしろ却って正確に感得できる表現がある。それを日本文の下手な二世がいい加減に翻訳したものについて文句をいってくるのだから、みんな参った。

「こんなことなら、おなじ日本語を使っている日本の検閲者のほうがよかったね」

と、われわれは笑い合ったが、雑誌によっては、占領軍に睨まれたものはそうとう苦い目に遇った。

アメリカは占領当初、共産党の力を日本の旧秩序破壊の手段に使ったが、やがてその国のもっている本質的なものを発揮してきた。共産主義を利用するだけ利用したあとは、却ってこれを弾圧するようになった。時の米ソ関係が急速に冷却した国際的の背景もあったが、アメリカの日本共産党に対するやり方は多分に御都合主義であったわけである。日共も、アメリカ軍を目して解放軍と規定した蜜月関係の終焉をさとるや、アメリカ占領軍批判を最も強力にやった。アメリカの注意はこのほうに向い、文藝春秋のような保守的な雑誌は、こんどは逆に彼らにとって好ましいものに映ったに違いない。わたくしなぞ、占領軍当局からそれほどいやな目に遇わないで済んだことを苦笑するだけである。

それでものちに、菊池寛氏が急逝して、その一周年追悼号を出すとき、GHQに呼ばれて、これを中止させられた。つまり追放中の人間を特別、大きく問題にすることに、アメリカは神経をいらだたせたのである。われわれは一冊のほとんど全部、菊池寛追悼の文章をもって埋めるつもりだったのである。GHQはこれを聞いて、すぐわたくしを呼びつけた。

彼らは決してこの計画をよせとはいわなかったが、これを遂行した場合におけるのちの文藝春秋社の不利という点を、やんわりと述べて、中止を勧告した。日本の軍部なら、頭から「やめろ」というのだが、アメリカのやり方はきわめて巧妙だった。そこで残念ながら、その企てを中止したが、そのとき集まった原稿は、『文藝春秋』、『別冊文藝春秋』、『オール読物』と、社の全雑誌を通じて、数カ月のうちに分割して全部載せてしまった。日本の憲兵隊だったら、こんなことが分ったら怒ってひどい目に遇うところだったが、アメリカはその点、どこかノンビリしたところがあったように思う。一般的に言って、検閲は新聞社に対して強硬な態度に出たが、それに比べると、雑誌社に対しては比較的穏やかだったように思う。これはべつに彼らが雑誌を大事にしたわけではなく、新聞のほうが世論の動向に大きな影響があると見きわめた結果である。新聞社に対する風当りは強く、新聞は自衛に忙殺された。したがって渉外係りの者が社の重要な地位を占めたようである。新聞課長であったインボデン少佐が風呂で滑って怪我をした時、新聞社のお見舞い品が彼の部屋にいっぱい届けられたという噂を聞いて、雑誌社の連中は、苦笑した。

占領も末期に近づいたときのことである。アメリカ本国の出版社からわたくしに宛てて、一冊の書物が届いた。『山下裁判の場合』という書名で、著者は山下裁判のとき、山下将軍の弁護をした米人弁護士である。その内容は山下裁判が文明の名における復讐の裁判であるということを具体的に、明細に述べたものである。直ぐわたくしはバラバラと読んでみて、なかなか面白いと思った。この書物は文藝春秋だけでなく、当時の有力出版社にみな送ってきたものであるが、このことがGHQを強く刺激した。

そのとき、この書物の内容を少し紹介した東京新聞はただちに呼びつけられて、ひどく油を搾られたものである。よほどアメリカとしては痛いところを突かれたものであろう。

或る日、GHQからこの書物のことについて、注意をすることがあるから、至急出頭せよという電話の命令があった。わたくしは「またか」と思いながら、放送会館にある民間情報部の係官のところへ行くと、彼は通訳を連れて現われて、「こういう書物が届いたか」と訊いた。わたくしは、

「たしかに一週間ばかり前に来て、自分はそれを急いで通読した」

というと、彼は、

「この書物の内容一切、雑誌に発表してはならない。またこういう書物がアメリカで出たということを報ずることも禁止するし、この書物が日本へ送られてきたということを報道することも厳重に禁止する」

といった。

わたくしは、ハハア、そうか、と思った。内容は面白かったが、要するに占領軍が威

張っている時代に、こういうものを出せるわけがないので、「承知した」と答えた。ただこの本がアメリカでそうとう読まれ、しかも日本へ送ってきたという事実まで発表禁止するとは、彼らもずいぶん頭に血が上がったものだと思った。

ところがその時もう一人、有名な雑誌社の若い社長が来ていた。彼もこの宣告を聞いていたが、やがて携えてきたその書物を差し出した。わたくしは「アッまずいな」と声を出しそうになった。アメリカはこの書物の内容について文句があるだけなのであって、なにもこの書物を没収するというのではない。日本の軍部なら当然巻き上げるところだが、要するにこの本は向うの出版社が個人的にわれわれに贈呈し、読んでみてくれ、といったものである。なにもアメリカ軍とは関係のないことである。これをなにか罪ある者の如き気持で差し出すことは何事かという気持だった。この若い社長はおそらくそこまで気がつかず、ただ、「恐れ入りました」で出したのであろうが、これはまずいと思った。この社にも古い編集者がいるのだが、こうした時になぜこの若い社長をサポートしないのであろうかと残念に思い、だんだん憂鬱になってきた。この社もこれではもう長くないなと思い、歴史あるこの雑誌の前途に、暗い予感をもったものである。

なお占領が済んだ直後、私は『文藝春秋』の臨時増刊で、「アメリカから得たもの、失ったもの」という企画で、占領中いえなかったこと、日本人として腹の中に溜ったことを、存分にここで吐き出した。なにも占領中の恨みだけをいうのでなく、アメリカの占領が日本に与えた利点と損失点を、この機会に明らかにしたいと思った。年月が経ってしまうと、どうしても強い表現ができない。ほとぼりの冷めないうちに、われわれとして言いたいことをハッキリいったほうが、終局的に日米両国の理解の上に大事だと思ったからである。この号で、この問題の書物、『山下裁判の場合』の大要を紹介した。この号はひじょうに歓迎され、四十二万刷った臨時増刊はほとんど売り切れてしまった。占領という不自然な現象がある限り、お互いに不平で不満なのは当然である。いうだけのことをいったほうが、却ってあと腐れがなく、両国の状態は改善されるものだと、わたくしは思っている。卑屈になったり、その反対に威たけ高になったりすることは少しも必要でない。そしてまた得策でもないのである。

菊池氏の死去

敗戦のショックは徐々にだが各方面に現われた。昭和二十二年の十二月三十日に、横光利一氏が死んでいる。横光さんは『文藝春秋』の旧同人であり、わたくしとしても公私ともにお世話になった人である。戦争中、その代表作『旅愁』はずいぶん高く評価され、戦後もまだ版を重ねている。わたくしは当時から、この『旅愁』のもっている一種独特の日本主義というものについて、同意しかねるものがあった。横光さんの小説は却って初期の短篇や、『文藝春秋』に載った短篇である「水蓮」のほうが好きである。

しかし作品はともあれ、この朴訥で信義に厚い横光さんの思い出は尽きることがない。告別式は世田谷のお宅で行われた。寒い日であったが、わたくしはその庭に終始立っていた。大分遅れて菊池さんがヒョコヒョコと現われて、あの猫背の背中をまるくすぼめながら、霊前で弔辞を読んでいたが、(菊池さん、淋しいんだろうな)と、わたくしはふと思ったことである。

今日の文学者の葬式から見れば、横光さんの葬式は簡素なものだったが、会葬者はとだえることなく、そのなかに椎名麟三、梅崎春生氏などの姿を見た。見ていると、焼香している椎名君や梅崎君のズボンのお尻に継ぎがあたっている。それを見てわたくしはほほえんだ。ここに文壇の鬼才(？)が世を去り、眼前に戦後の新しい作家が生まれようとしている。この推移を見とどけるのが、わたくしたち編集者の仕事である。この若者たちはやがて文壇に乗り出して、そうとうな地位を占める人だが、この日の姿をわたくしは忘れたくないと思っていた。

その年を越した一月十五日、旧文藝春秋最初の専務取締役鈴木氏亨氏が疎開先の軽井沢で亡くなった。わたくしは佐佐木社長に頼まれて悼問に出かけたのだが、寒気凛冽たる厳冬の軽井沢の風物は満目蕭条として、物の響きすらなかった。鈴木さんは社の重役としては、渉外関係ばかりで、社にもあまり顔を出さず、むしろ菊池さん個人の遊びの仲間だったが、われわれ若い社員に対しては、いつも温顔で分けへだてなくつきあってくれた。戦争中からずっと軽井沢に引き籠り、不自由な生活をつづけていたのであるが、ついに亡くなったわけである。亡くなる前に病院から、乱れた筆跡ではあったが、（新社の前途に大きな期待をもつ）という激励の葉書を貰ったことが思い出された。淋しいこういうところで生を終えたわたくしたちの先輩の生涯を、改めて蕭条たる気持のうちに思い浮べたものである。

それより一ヵ月おいて、三月六日は菊池寛氏が急逝した。この日は、数日前からお腹を悪くした菊池さんが全快祝いをした日である。ごく限られた身辺の人だけが招《よ》ばれたが、わたくしはフとそのことを外から聞いたので、「招かれざる客」として、夕方、訪問した。玄関を開けると、驚いたことに菊池さんはひとりでその広間でダンスのステップを踏んでいた。戦前からもダンスをやっていたが、その頃は殊に熱心で、フロリダなどでわたくしはバッタリ先生に会ったことがあるくらいである。からだの調子が治ったので、嬉しくてたまらなかったのだろう。わたくしの顔を見ると、踊りやめて、

「キミ来たの。茶の間でみんな一杯やっているから、飲んで行けよ」

と、ニコニコしていった。

わたくしは茶の間に行き、そこでお鮨をつまんで一杯やっていると、二階で、ただならぬ音がした。急いで先生の寝室へ駈けつけると、寝台の脇に菊池さんはうずくまるよ

うにして、奥様の肩へ両手をかけ、もう死んでいた。心臓の発作が起きてから、十分ぐらいだったと思う。家族の人々の手を借りて、わたくしは重い先生の遺骸をかたわらの寝台に横たえたが、まだからだ中あたたかく、先生はちょっと一眠りしているといったような姿だった。

遺言がのちに机の中から出て来たが、何種類もあったらしい。毎年正月に先生は遺言を書いていたのだが、前年の分を破り捨てるのを忘れたところなど、いかにも菊池式であった。何通も出てきたが、文章はだいたいおなじであったようで、

「私は、させる才分なくして文名を馳せ、一生、大過なく暮らしました。多幸だったと思います。死去に際し、知友及び多年の読者各位に厚くお礼を申します。ただ国家の隆昌を祈るのみ」

という簡潔なものであった。

その葬儀の日、自宅から護国寺の斎場に向うとき、わたくしは柩を担いだ。

雑誌記者の生き甲斐

「金魚鉢」の中の奇妙な仕事

新社創立とともに、わたくしは編集局長となり、社で出している雑誌全部の編集責任者になった。編集局長という仕事はまことに妙な仕事で、実際に編集をやっている編集長と違い、ただ各雑誌の後見役のような役で、実は名前がコケ威《おど》しであるほど実質は大したことをやっているわけではない。要するに、各雑誌の編集長の仕事がしやすいような雰囲気をつくることが任務である。ほんとうに雑誌の編集と血のつながった関係にあるわけではない。

わたくしの信ずるところによれば、雑誌は要するに編集長のものである。絶対に彼の手の中にあるものである。編集局長や、重役や、社長がいろいろ編集上の注文をつける。しかし雑誌は初めの計画したとおりのものが最後に出来るものでなく、世の中の情勢が刻々と変わるように、その月、その月の雑誌はいつも初めの編集計画とは似ても似つかぬものが出来てくる。これは当然である。臨機応変にやらなければ、ダメなのである。

その場合の責任と権限は一切編集長にあるわけであるから、編集長は雑誌の隅々まで注意を払い、世の中の動きにつれて、独断で原稿の差換えをやり、その月、その月の雑誌をつくってゆくわけである。いちいち相談なんかしていられない。ワンマンで、ぐんぐん自分のプランを押しすすめなければならぬ。「こういう企画のものをやったらどうだ」といっても、実際にそれを実施するのは編集長であるから、こちらの意図が必ずしも編集長の意図と一致せず、おなじ問題をやったつもりでいながら、結果としては逆になることすらしばしばある。

これはまた当然であって、いくら参謀が命令を出しても、実際には戦争するのは中隊長で、彼は刻々に変化する敵の状態によって、自分の部隊を手足の如く動かして戦うわけである。ただ編集局長としては、社会や出版界の全体の調子をいつも摑んでいて、それに応じて大きな指示を編集長に与えていればいいわけである。

局長などというものは、ただ何となく納まっているものである。その限りでは世間が思うほどのものではない。そこで、乗り出して行って、編集長を買って出たわけだが、戦後は局長兼任で、二回、文春の編集長をやった。想えば、たのしい時であった。いまや私の社の編集室はかなり広いが、わたくしの部屋はその一隅に小さな区劃を仕切って、周りはガラスで囲ってある。一目で編集室全員の動静がわかるシカケであるが、むしろわたくしなどは全員から監視されているようなものである。ガラスで仕切られているので、わたくしの部屋のことを編集の連中は「金魚鉢」といっている。「金魚鉢」の中にいる気持は決してそんなにいいものではない。できることなら、みんなの机の真中に自分の机を持って行きたいが、若い諸君にうるさがられるのもつまらないので、目下、不本意ながら「金魚鉢」に安住している。

編集局長の仕事も、あしかけ十二年になる。このところ「金魚鉢」のなかで、わたくしは毎日、殺到する投書の処理に忙殺されている。ひどい日には、三百枚ぐらいの原稿が三つも四つも届くことがあるし、そうでなくとも、相当の長さの投稿がたくさんある。一日に二十人平均の来客に会い、この投稿に全部眼を通し、また、むやみやたらにくる就職依頼と、文学青年のさまざまな相談に返事を書いていたら、わたくしの時間は二十四時間あっても足りないだろう。ただ長年こういうことをやっているおかげで、原稿を読むコツだけは自得したようである。だいたいどんな原稿でも、最初の五枚か十枚読めば見当がつく。文章を見たり、文字を見ていれば、だいたいその人のレベルはわかるものである。この頃、目につくのはウソ字の多い原稿で、これにはまったく閉口している。また十六、七の高校生の投稿もきわめて多い。ただ、心に浮んだことをダラダラと三百枚、四百枚も書くのであるから、その努力には驚くが、小説というものの形にはなっていない。

そんな感想を返事に書いてやると、必ずといっていいほど、「在来の小説には飽き足りないから、新機軸を出して、こういうものを書いた」という返事がくる。その勇気と自信には感嘆するが、どうも小説というものは新しさだけでも、どうにもなるものではない。一種の技術が必要なわけである。しかもその技術は、「こういうものだ」といって教えることができないだけに、なお始末が悪い。

投書も実はなかなかバカにできないものである。わたくしは長い間、数かぎりない投書原稿を読んだが、そのほとんど全部といっていいほど問題にならないものであるが、たまには「これは」と思うものにぶつかる。いつか、女子高校生であったが、わたくしのところへ小説をよこした。初めて書いたものだが、自分では自信がないから、見て頂きたいというのである。そのうちの一つを読んだときに、ちょっと驚いた。こんどの戦争で捕虜になったドイツ兵の話である。これが北極海に近いウランゲル島の捕虜収容所から脱走する話を書いた短篇だが、実によく書けていた。なにか翻訳物でも読んだような感じだったので、「これは何からヒントを得たのか」というと、「べつにヒントはなくて、自分一人で空想して書いたんだ」という。こんなら脈があると思ったので、「また書けたら持っていらっしゃい」といっていたが、その少女はとうとうそれきり来なかった。のちにファッション・モデルになってしまって、こんどはファッション・モデルの生態のようなものを書いて再び現われたが、もう往年の新鮮な筆づかいはなく、わたくしを失望させた。

幸ビルにわれわれの社があった頃のことであるが、或る朝、わたくしは社へ出て、机にある投稿原稿を読み始めた。そのなかに、珍しいペン・ネームの人の書いた「たばこ娘」という小説があった。筆者の名前がちょっと面白かったので読んでみると、ペーソスのある、なかなかよく書けた小説だった。ヤミ市場でヤミ煙草を売っている少女と、しがないサラリーマンのはかない恋愛小説であるが、つまり小説になっているのである。

それでわたくしはすぐこれを、当時『オール讀物』編集長であった車谷弘君のところにもって行って、「なかなかよく書けているから、読んでみて、よかったらオールへどうだろう」と相談した。車谷君はこれを一読して、わたくしの意見に賛成してくれ、すぐ大阪にいる筆者、源氏鶏太君に手紙を出した。

「たばこ娘」はそのとき『オール讀物』に載ったが、その後、源氏さんはしばしば小説を車谷君のところへ送ってよこし、車谷君もこれをよく読んで、その欠点を指摘し、書き直しを頼んだりして、ここに編集者と作家の卵との共同作業が始まった。編集者は小説家ではないから、或る程度以上立ち入らないが、職掌がら、たくさんの小説にあたっているので、読者の立場に立った場合の作品の欠点は比較的よくわかる。そこのコツもよくわかった編集者の手にかかれば、若い作家は倖せである。源氏さんはよくその意向を聞き精進した。その後、直木賞も得たし、ことに『サンデー毎日』に「三等重役」を載せてから、源氏さんの作家としての声価は確立した。

この場合、わたくしからいえば、わたくしが見出し車谷君が育てたということになる。わたくしは源氏君を発見したという名誉を図らずも得たわけだ。これはまったく僥倖《ぎょうこう》である。あれだけの力があり、熱意のある人なら、おそらくわたくしが見出さなくとも、新人を待望しているジャーナリズムであるから、ほかの人たちが当然見出したと思う。とにかく編集者の喜びがたくさんあるなかで、わたくしは、新しい作家を見出し、これを育てるぐらい楽しみなことはないと思う。文藝春秋社で、われわれの先輩でこれを最もやったのは永井竜男さんである。永井さんはいま作家として立派にやっておられるが、編集者としてもひじょうに優れており、わたくしなど、ずいぶん勉強させられたものだ。雑誌というものがひじょうにきめの細かいものであること、つまり、どんな小さな記事でも丹念に眼を通して、このタネをよく調べ、また表現を直し、ピリリとしたものにするという大切なことを、この人から習った。と同時に永井さんは新しい作家を育てる名人であった。『オール読物』編集長在任中、中野実、浜木浩、その他たくさんの大衆作家を世に出した。

こうした例を外にあげれば、いくらでもあって、少しでも長く雑誌記者をやり、その仕事に熱意をもっている者なら、「掘り出し者」の二人や三人持っていないものはない。若い作家が出て行けば、やがて流行作家になり、みるみるうちにこれを見出した編集者の何倍、何十倍の収入を得るようになる。考えようによっては編集者は舞台裏のプロンプターで、つまらないもののようであるが、しかしそういう仕事は編集者だけに許された喜びであると思う。自分の手塩にかけた作家がグングン伸びてゆくのを眺める愉しみは、ほかの世界では味わえないことである。これは作家ばかりではない。ほかの分野でとり上げた人が、いつか批評家、或いは評論家として、新聞、ラジオにもてはやされるのを見るのは愉しい。それにはわれわれはいつも眼をくまなく配り、田舎の新聞や、発行部数僅かな同人雑誌、その他、機関誌のようなものから、ものを書けそうな人を探さなければならない。

わたくしは戦後の過労で、昭和二十四年に再度、胸を冒され、四カ月ばかり休社した。このとき、手あたり次第に雑誌を読んだが、執筆者としてこれはと新しい意欲を湧かせる人に見当をつけた。社は四カ月休んだのだが、実は編集活動としては休息したわけでなく、べつの意味では、わたくし自身にとっても、社にとっても、この休養はプラスだったと思う。

昨年の五月の或る日曜日、本郷三丁目を歩いていると、たくさんの人が往来しているのにフと気がついた。この日は大学の五月祭だった。久しぶりに母校へ行ってみようと赤門へ入って行ったが、そこは混雑と、汚ならしくあちこちに貼ったビラだけなのに辟易《へきえき》して、大学新聞を一部買って、正門前の喫茶店へ行った。そこにはたくさんの学生がいて、みなおのおの議論している。聞くともなしに聞いていたが、如何《いか》にも若々しい話で、わたくしなぞ、なにかとり残されたような淋しい気が瞬間した。学校を出て、四分の一世紀も経ったのだから、当然である。

仕方ないので大学新聞を読んでみると、学生小説の当選作品の発表があって、それは大江健三郎君の「奇妙な仕事」という、二十枚ばかりの短篇であった。なにげなく読んでいるうちに、わたくしは唸ってしまった。こいつはイタダける、と思ったのである。わたくしの周りで若々しい議論をしている大学生たち、そうした人たちの心の底にある一種苦しいような、圧迫されたエネルギーが、ムンムンするほどこの作品に溢れ出ている。沈鬱な青年の一青春の心象風景が奇怪なる場面の設定のなかに遺憾なく描かれていた。わたくしはすぐ大江君に会い、この作品を『文藝春秋』に転載しようと思った。大江君はやがて社に姿を現したが、二十二歳の若々しい青年で、ああこんな青年があんな小説を書くのかと思うと、なにかわたくしには遠い、意外な出来事のような気がした。

ところがしばらくすると、『朝日新聞』の文芸時評欄に、臼井吉見氏がこの小説を激賞していた。「なるほど臼井さんは眼の届く人だな」と思ったが、こう派手になると、わたくしは却ってテレる性質なので、その「奇妙な仕事」を『文藝春秋』に載せるのはやめてしまった。しかしその後すぐ大江君は『文学界』に「死者の奢り」を書いて、これがまた世評を呼ぶことになったわけである。

雑誌記者の仕事というものは、大江君の小説の題ではないが、「奇妙な仕事」である。

社へ出て、機械的にペンを走らしているだけが仕事ではなく、日曜日にブラブラと歩いて、ぶつかったことからも仕事は生まれるのである。

仕事に熱中している時だと、夜中に夢で、企画が出来る。「こいつはすばらしいプランだぞ。いま、夢を見ているんだが覚えておこう」と思っていると目がさめる。なるほど企画は覚えているが、正気（？）になってみると、それほどでもない。平凡なプランでガッカリすることがある。こんな経験はわたくしばかりでなく、長く編集という仕事をした連中は、みんな覚えがあることである。こうなると、二十四時間、仕事をしているようなものだが、まことに「奇妙な仕事」である。

作家と編集者の間

新社は今日から見ると、雑誌でいつも成功したように見えるが、クロ星もあった。それは昔の『話』の代りに戦後『座談』という新雑誌を出したが、これは失敗した。トピック本位の雑誌で、時代の要求にかなうと考えたのであるが、いまにして思えば、『文藝春秋』自身がトピック主義だったので、どうしても新雑誌のほうが二番煎じになり、魅力を失ったのかもしれない。それでも五、六万は売れたのだが、戦前と違って、いまでは五、六万の雑誌ではどうにもソロバンが立たないので、三年ばかりで廃刊にした。

ただこのときの編集で思い出すのは、表紙に、当時無名であった花森安治君に乗り出してもらったことで、草創時の「暮しの手帖」社の小さな部屋に、彼を訪れて頼んだのが、初対面である。そのことと坂口安吾さんと阿部定さんの対談をこの『座談』でやった。これはフと思いついた企画であったが、坂口さんはすぐ快諾してくれ、問題は阿部さんのほうにあった。一世を震駭した事件の主人公は、当時、田舎回りの芝居をやっていて、なかなか連絡がつかない。連絡がついても承知してくれるまで、ずいぶん時日がかかった。入社早々の田川博一君を担任にしたが、とにかく阿部定さんのところへ二十数回、彼は通った。もう弱音をふくかと思っていたが、彼はよくガン張った。

新橋駅の近くにあったヤミ料理屋で二人の顔合わせをし、座談会をしたが、坂口さんはなかなかジャーナリストで、うまく話を引き出して成功した。初めて見る阿部定さんはべつにへんてつもない中年の女性で、ただ声が少し甲高いのが気になっただけである。

あの事件があったとき、菊池さんはわたくしたちに、

「こういう愛情を中心とした犯罪というものは、フランスあたりなら無罪なんだよ。日本はこういう弱い女に七年もの重刑を課して、ひどい国だね」

といっていたが、フェミニストである菊池さんの面目躍如たるものがある。

あの事件があった時は、恰《あたか》も二・二六事件の物情騒然たるときで、われわれは毎日暗澹として日本がどうなるかと思っていた。そのときにたまたまこの情痴事件が起ったの

であるが、これを追いかけている新聞記者諸君も、われわれ読者も、その間になにかホッとした気持がしたのを憶えている。当時、日本を非常時と呼び戦争に引き込もうとしていた当局は彼女に懲役七年という重刑を課したのであるが、阿部さんは戦後刑務所を出て、更生の道を歩いていたわけである。思えばこんな座談会が実際に行われる世の中に一変したことに、わたくしは苦笑した。

坂口安吾さんのことは死後いろいろ思い出される。ものを書く人で、これほど雑誌編集、ジャーナリズムについて、理解のあった人は少いと思う。坂口さん自身、稀代のジャーナリストであったとわたくしは思う。文章は明快であるし、その発言はいつも時代の弊を真ッ直ぐに突いて、しかも一脈斬新な趣きがあった。

多くの文士が亡くなって、その年忌が行われるが、毎年この集まりに人のふえるのは、菊池寛氏と坂口安吾氏だけである。坂口さんの追悼会は毎年、本郷の「紅葉」で行われる。その出席者もほとんど雑誌新聞記者であることを見れば、いかに坂口氏が彼らに惜しまれているかわかるし、いかに徳が篤かったか想像されよう。わたくしも坂口さんにはずいぶんお世話になり、また雑誌の上でもこちらが出す無理な注文を聞いていただいた。サッパリした男らしい人で、わたくしは彼が大好きだった。妙なことに坂口さんは推理小説が得意で、私なぞもずいぶん自慢話を聞かされた。しかしわたくしはいつも、

「あなたの本領は随筆家であり、時評家ですよ」

といって、機嫌をわるくしたことがある。

とにかくジャーナリズムから見て、これほど便利な人はいなかった。打てば響くのである。たとえば、わたくしは「安吾巷談」という題を考えて、連載時評をお願いすると、翌月の原稿の冒頭に、「私は巷談師である」と書いてきて、わたくしをアッと驚かした。坂口さんは当時売れッ子であり、収入も月に四、五十万円はとっていたろう。彼はこれを何に費《つか》うか知らないが、ほとんど蕩尽していた。昔からの友達で、困っている人にも、ずいぶん金を出していたらしい。

大井にあるお宅へ伺うと、ほとんど家具らしいものはなく、ガランとした部屋の中で、彼は夏など、相撲とりのように裸で仕事をしていたし、当時、結婚したばかりの奥さんが真っ赤なショート・パンツを穿いて出て来たのを見て、わたくしなど仰天したものである。坂口さんと税務署との闘争は有名で、いつか聞いた話であるが、若い執達吏が坂口家へ乗り込んだところ、坂口家には差押えすべき何物もなかった。チャブ台と食事道具と、彼が運動用に振るバットが一本だけだった。とうとうその若い執達吏は玄関で、「これでは帰って上司に報告することができない」といって、泣き出したという。じっさい執達吏ならずとも、われわれも坂口さんの徹底した無一文、無一物振りには驚いたものである。しかし彼の胸中は無尽蔵であった。

或るとき、原稿をお願いしに行ったところが、

「いいところへ来た。きょうは焼酎のいいのが入ったから、飲もうや」

といって、押入れから焼酎の甕を出した。カストリでなくて、正真正銘の焼酎である。口あたりがいいので、わたくしはいい気になって、ご馳走になっているうちに、いつの間にか心気朦朧《もうろう》となって、なにもわからなくなってしまった。気がついてみると、粗末な一室にいてそばに見知らぬ女が坐り、わたくしは布団の中にいた。

「ここはどこか」

と訊くと、

「武蔵新田です」

というのである。ここは有名な赤線地帯である。

わたくしは大いに驚いて、これは大へんだと思った。

「一緒に来た人はどうしているか」

というと、その女は平然と、

「あの先生なら、いつものお部屋で小説を書いているわ」

と、アッサリしたものである。

時間を見ると、終電車があるか、ないかという時刻なので、わたくしは坂口さんに挨拶するのも忘れてとび出し、省線に乗って、夢中で家に生還した。

翌朝、目を覚ますと、家内がけげんな顔で、

「あなたの着ている洋服もあなたのと違うし、シャツも下着も全部違うのはどうしたんですか」

という。

これはマズい、わたくしには坂口家で、しこたま焼酎を飲んだ記憶しかない。宿酔《ふつかよい》で痛む頭を抱えて、わたくしはこの見覚えないズボンやシャツをボストン・バッグに詰め込み、社へ出た。

しばらくすると、坂口さんから電話がかかってきた。

「きのう、ひどく酔っ払って、家を出るとき、君は門の前の溝に落っこって、泥だらけになったんだ。仕方がないから、女房と二人で風呂場へ連れて行って、水道のホースですっかり洗い、僕のパンツやシャツを着せてやったが、そんなものはどうでもいいんだけど、君が穿いて行ったズボンは、僕のズボンで一着しかないんだ。きょうはこれから『婦人公論』の座談会があるから、ズボンだけ早く返してくれ」

ということだった。わたくしはアッと驚いた。無一物もまた極まれりというところである。

のちに坂口さんは精神異状を呈し、東大の精神科に入院したが、だいぶ快《よ》くなってから、わたくしは病院へ彼を訪問すると、

「きょうはこれから半日、脱走だ。それで野球を見ようじゃないか」という。

どういう話をつけたのかわからないが、彼は鍵のかかった廊下を悠々と出て来た。それから二人で後楽園へ行って、職業野球を見た。わたくしはあまり野球に興味はなかったが、坂口さんは、

「君、野球ぐらい少し勉強しろ」といって、大へんご機嫌だった。後楽園はその日、好カードであったのだろう、満員であった。坂口さんはわたくしをかえりみて、

「これだけ観衆がいるが、気違い病院から抜け出して観ているのは、オレ一人だろうな」

といって、ご機嫌だった。わたくしが、

「ずいぶんたくさん観衆がいるが、これがみな『文藝春秋』の読者だったらいいな」

といったら、

「商売気の強いヤツだナ」

といって、呵々大笑した。

そんなこともいまは懐しい思い出である。

作家と編集者は、ある距離を置いて、親しめ、といわれる。それは、あまりに仲がよくなると、その作家の作品にメクラになり、また仕事の上で人情が加わって、ムリが利かないからである。しかし、編集者だって人間だから、好きな人は好きになる。その気持が対手《あいて》にも通じて、「よし、この編集者のためなら、よい作品を書いてやろう」とい

うことにもなるわけだ。

わたくしは、どちらかというと両者の間に距離がある方を重んずる方である。商業ジャーナリストとして、これは止むを得ないことだと思う。また、わたくし自身の性格としても、この方が自然である。しかし、時には例外もある。その一人が坂口さんだった。

ノン・フィクション時代

戦争は、怖ろしく、思い出すだけでも不愉快なものであるが、また考えようによっては大きな経験である。こんどの太平洋戦争にしても、僅か四年の経験であるが、われわれの先祖が五十年、百年でした経験を一挙にしたようなものである。人間の愚かしさ、浅ましさ、また美しさをこれほどハッキリさせたことはない。雑誌の記事とすれば、これにつながる話はみな自分におぼえのあることで、また異常な体験であるので、読んでみて飽きないものである。のどもと過ぎれば熱さを忘れるということがあるが、ほんとうに苦しかったことは自然に忘れるが、幾らかの懐しさを覚えるのがふつうではないだろうか。人類が絶望もせず、今日まで生きていられた所以《ゆえん》である。

戦後の激しい混乱時代には、普通の小説や読物ではなかなか読者をつなぐことができない。よい作品を読んで、静かに感動するというような時代ではない。なまのままの激しい思想の移り変り、或いは個人の凄惨な体験が読者の心を打つ。いうなれば、雑誌の記事からいえば、ノン・フィクションの時代が来たものと思う。わたくしが自分の雑誌へ意識的に戦時回顧物を載せたのも、そういう意味である。

わたくしがことに戦争の記録を載せたことについて、かなり批判された。再びあのいやな記憶を呼び起すことによって、軍国主義的風潮を再び助長するのではないかといわれたが、わたくしにも言い分はあった。わたくしは学生時代、歴史をやったせいか、記録というものに強く惹かれる。つまり一つの異常な事件があって、その事件から いくらも日が経たないうちにその事件を直接に経験、体験した人たちの記録を、歴史史料からいえば、一等史料というのだが、わたくしはこの一等史料をなるべく活字にして残しておきたいという気持があった。ことに戦争に敗けると、戦勝国のご都合のいい記録だけが残って、戦敗国のものは沈黙させられてしまう。『日露戦史』は参謀本部編集で、もっとも権威あるものといわれていたが、そこには戦勝国の意識的な誇張が、内容の中にある。また中国の歴史を見ればすぐわかることだが、一つの王朝が滅びると、次の王朝によって書かれた歴史はいつも前王朝の悪口である。その滅ぼされた王朝の正しい歴史的評価は、これを滅ぼした王朝がなくなったのちの王朝によって、初めて書かれる。おなじようなことが、人間のやったことには、あらゆる面で行われるのである。

日本は今次の大戦で戦敗国だといっても、いつも戦争に敗けていたばかりではなく、日本人だけが残虐無道だったわけではない。太平洋戦争の記録は日本ばかりでなく、アメリカにとっても一史料たるを失わない。いまや太平洋戦争というものは、日米両国の歴史にとって共通の遺産である。その意味でわたくしは戦記に力を注いだ。

第一次大戦のとき、イギリスとドイツの海軍が真ッ正面に衝突したのはユットランド沖海戦であるが、この海戦はその勝敗がハッキリわからない。相手の軍艦を数多く沈めたということからいえば、ドイツ海軍の勝利であるが、先に艦隊が戦場を離脱したという意味でいえば、英国海軍の勝利である。この戦争に関する記録は夥しく、約二百に近い文献が現われ、いまではどの軍艦の命中弾が、どの軍艦の撃った何発目の砲弾である、ということまでわかっているそうである。

太平洋海上に行われた日米の死闘、それはおそらく海上勢力の大決戦としては有史以来の大規模なものであり、今後もこういう形での戦いはあり得ないと思う。その意味で、これらの実戦録は貴重である。

高木惣吉氏の「連合艦隊始末記」が読者に喜ばれた成功も一つの機縁であったが、主として海軍の記録が『文藝春秋』にたくさん現われた。元一等水兵であるわたくしはハワイ空襲の機動艦隊の参謀長、草鹿竜之介中将を大阪のお宅へ訪れたことがある。草鹿さんは半分百姓をやっておられたが、ミッドウェー戦記を書かれることを約束された。これはハワまたわたくしはその足で、大和の橿原神宮のそばの小さな淵田家を訪れた。

イ真珠湾攻撃部隊の空中総指揮官淵田大佐の家であった。淵田さんはあいにく不在であったが、この家は淵田さんが大工の手をかりずに自分がつくったもので、素人にしてはよく出来ていた。その壁には勲章をいっぱいつけた淵田さんの海軍の正装の油絵がかかっていたのも微笑ましかった。彼はここで畑を打ち、雞《とり》を飼って住んでいた。のちに真珠湾攻撃の思い出を書いて貰った。男性的な一種の名文家である。淵田さんは後にキリスト教の牧師となって、アメリカへ出掛けた。まことに数奇な後半生を送っている。

いまのようなジャーナリズムの競争が激しいときだと、一つあたれば、すぐ他社が真似をして、おなじような記事を載せるのだが、当時は有難いことに(?)新聞社は旧軍人の原稿は一切採らないという建前であったので、わたくしの編集ダネの好市場は荒らされなかった。おかげで存分にいい記録をとり、読者にも喜んで貰ったと思っている。

ただ、のちになると、こういう風潮に乗じて、軍人が争ってものを書くようになり、なかには自己弁解や手前味噌が多くなり、また好戦的思想を鼓吹するようなものまで現われて、わたくしはヘキエキした。戦記を書くにあたっても、やはり一種の抑制が大事である。それにはやはり戦争の惨禍をほんとうに身に泌みて反省した人のみが書き得るものである。日本軍の勇敢さだけを謳ったような浪花節調のものでは困るのである。

時代の流れというもの

戦後の出版界のブームは甚だしかった。ネコもシャクシも出版を始めるようになった。当時の混乱期に、ヤミやその他で相当大きな金を摑んだ人で、少くとも文化的意欲のある人は、いい合わしたように出版界に進出してきた。また、そうした素人の人でも、かなり成功したものである。書物の絶対量が少いのであるから、出す本はそれほど吟味したものでなくとも、飛ぶように売れたわけである。

その頃、都下吉野村に引っ込んでいた吉川英治さんをわたくしはよく訪れた。追放中でもあり、訪れる人といっても、ごく稀れである。この頃のように来客に忙殺される吉川さんを見ると、わたくしなぞ古い連中は、却ってお気の毒になる。吉野村の近くにはよい酒が出来て、わたくしの目的の一半はこの饗応にあずかることであった。わたくしはいつも長居して、ご馳走になった。

それでもときどき素人の出版屋さんが吉川家を訪問したが、或るとき吉川さんがわたくしに一枚の名刺を見せて、

「君、きょうはこんな人が来たんだよ。見てみたまえ」

というから、その名刺を見ると、肩書きのところの会社の名前にペンで棒が引っぱっ

てあるだけである。いままで、なにかヤミの商事会社をしていた人であろうが、急に出版屋をやることになって、新しい名刺が間に合わなかったのであろう。

「君、こういう人たちがやってきて、僕の『宮本武蔵』でいいから出版さしてくれ、というんだよ。『宮本武蔵でいいから』とは凄いね」

といって苦笑していたが、思えばずいぶんでたらめな時代だったと思う。

こういう人たちはやがて出版に見切りをつけて、その本来の商売に多分帰ったと思う。わたくしはこの人たちが出版事業であまり損をしなかったことを祈っているが、ただわたくしの心を痛ましめたのは、昭和二十四年頃から出版界のブームも終り、いままで売手市場であったのが、買手市場になり、本や雑誌の売行きが急に悪くなったのである。そして素人の出版社の倒産とともに、その巻添えをくって相当の出版社が潰れ、戦後、華々しく出発した雑誌が廃刊になったことである。これらの雑誌はほとんどわれわれの親しい友人がやっていたものであるが、雑誌が潰れてしまっては仕方がない。雑誌のなくなった編集長は、軍艦が沈んでしまった艦長のようなものである。文藝春秋社が解散して、新社がスタートするまで、わたくしもこの艦長の気持をしみじみ味わったことがある。

この頃から出版界は一大整理期を迎えたわけである。嘗《かつ》てわれわれをあれほど瞠目させた新生社が解散し、鎌倉文庫も、『人間』も『展望』も姿を消した。『世界評論』『朝日評論』『日本評論』もなくなった。評論と名のつくものが潰れたのも、なにか日本のこのときの読書界の傾向を物語っているようである。雑誌『改造』が姿を消したのは、ずっとのちのことであるが、衰頽の色はかなり前から萌していたといっていいだろう。わたくしたちの古くからの友人はみなここで職を離れた。雑誌記者として、わたくしなどより先輩であり、また才腕を誇っていた人たちも、このときジャーナリズムから消えて行った。

編集者の生命というものは、繰り返すように、それほど長いものではない。そうとうの才能をもち、人一倍の努力をしても、必ずしも報いられるとは限らないものである。ただ当時、民間放送がたくさん出来たため、雑誌界を去った友人たちがこの方面に迎えられたのは、せめてもの慰めであった。最近、『改造』が潰れ、また河出書房も整理され、編集者の失業問題が起きたが、こんどは週刊誌ブームであるために、その方面に転身した人もかなりいる。週刊雑誌は月刊雑誌よりはるかにたくさんの人間が必要なので、雑誌の経験者が必要なのである。

出版界ほど根の浅い事業は少い。わずかばかりの経済的変動でも、それが出版界に波及すると、激動となり衝撃になる。わたくしたち編集者の生活はこれに巻き込まれ、ときに水面上に顔を出し、或るときには水の下で苦しまなければならない。そうしたことを、時々くりかえしながら流されて行くのが、この世の相《すがた》である。

水の流れといえば、わたくしはよく若い人にいうことがある。ちょうど時世の流れは大きな川の流れのようなもので、何人といえどもこれに逆らえない。川の中流は勢いも激しく、速く流れる。ところが両岸はそれに比べると、ゆったりと流れている。雑誌によっては、その中流に棹さして、時代の流れの先頭に立って流れてゆくものもある。これもジャーナリストの本懐であるかもしれない。これを尊敬する気持も、人後に落ちない。しかしわたくしはいつも川の真ン中ばかりを流れる気にはなれない。できることならば、川全体と一緒に流れたい。それはスピードも遅いかもしれないが、両岸のゆっくり流れている読者と共に流れて行きたい。両岸の水はとかく脇道の小さな細流へ入ろうとする。水はそこで淀み、くさってしまう。そうさせないようにあくまでも一本の川の流れとしてもってゆくことも、一つの雑誌の行き方ではなかろうか。わたくしはなるべくたくさんの読者、それは必ずしも意識が高くないかもしれないが、実は川の流量の最大の部分を占めているのである。その人たちと一緒に時代の川筋を辿ってゆきたい。そんなのは時代便乗ではないかというかもしれぬが、その人は人間の力の限界を知らないのである。わたくしたちは超人でも偉人でもない。『文藝春秋』が戦後、成功したとすれば、わたくしのそういう考えが読者の共鳴を得たのではなかろうか。

雑誌という名の容器と雑誌記者の将来

『文藝春秋』の編集を実際にやってみて、よく思うことであるが、わたくしはこの雑誌のもとの形が実に自由であるのに驚く。また容器として見た場合、この容器は実に大きく、また柔軟性のあることに驚く。どんな記事を載せても、その記事が或るレベルに達している限り、違和感がない。いつのまにか『文藝春秋』全体の調子のなかにスッポリはまってしまう。たとえば最近、犬養康彦氏夫婦のアメリカの育児法の紹介記事が載った。これはおむつの当てかたからアメリカの育児法を体験的に解説したものだが、おむつの記事が『文藝春秋』に載ったのは、実は創刊以来初めてのことである。婦人雑誌ならば少しもおかしくないのだが、これが総合雑誌に現われたのだから、本来ならば奇異な感じに打たれるのが当り前なのだが、実際に載せてみて、少しもその記事が『文藝春秋』の全体の調子を破っていないのに、われながら驚いた。もちろん執筆者は婦人雑誌と違った書き方をしている。一種の文明評論としてのおむつを書いたのであるが、いずれにしても、あまりピッタリしているので、わたくしなぞおかしくなってしまった。よくよく不思議な雑誌である。雑誌というものは、どんな雑誌でも一種の性格をもっているのであるが、『文藝春秋』はこの性格が実に広い。今更ながら私はこういう大きな、しかも柔軟性のある容れ物の原型をつくったジャーナリストとしての菊池寛氏に驚嘆せずにいられない。

戦後、『文藝春秋』の読者は戦前の数倍にふえているが、要するにわれわれのやった仕事というものは、菊池さんがはじめに作った容れ物のワクの外には決して出ていないのだ。この便利な容れ物の中に少し戦後の毛色の変ったものを入れただけである。時代が変ったのであるから、これは当然であるが、容れ物は、大して変っていない。

また今日では芥川賞、直木賞がわれわれの想像以上に世間的に問題になっている。これも、菊池氏の創案である。わたくしたちはこの案に従って新しい時代の作家を探す努力をしただけである。根本においては菊池さんの賞制定当時の意図から少しも発展しない。『文藝春秋』の仕事が後世どう評価されるか、わたくしにはわからない。金を儲けた雑誌だとか、或いは保守的な雑誌だとか、ある意味ではハッタリばかりの雑誌だとか、見る人によってはいろいろなことがいえると思う。ただもしわれわれがいささか誇っていいとすれば、それはこの国のジャーナリズムに、われわれはもちろん、社の先輩たちがいつも新しい執筆者を送り出す努力をしたということである。その一つは芥川賞といっていいだろう。芥川賞によってどれだけ多くの作家が世に生まれ、そしてそれが国の文学や文化のために、いつも新しい分野を切り開いたかは、読者諸氏のあまねく知っているところである。

最近、大江健三郎氏が「飼育」で芥川賞を受賞したが、思えば昭和十年に芥川賞第一回に、石川達三氏が受賞した。この昭和十年に実は大江健三郎氏は生まれているのである。この賞も生まれてから二十三年経った。いろいろなことがあった。書き出したらキリがない。関係者一同、感慨無量のものがある。ちょうど一ジェネレーションつづいたわけである。

芥川賞が戦後、特に世評にのぼる端緒をつくったのは石原慎太郎氏の出現である。太陽族という、いやな言葉が生まれたのもそのためであるが、このときのことは、思い出しても大へんだった。

「なぜああいうひどい小説を芥川賞にしたか。お前は社会道徳破壊の元兇の一人だぞ」という手紙が毎日のように、何通も来た。なにも弁解するわけではないが、わたくしたち編集者はこの芥川賞決定のために、なに一つ、タッチできない。わたくしたちは、いろいろの人の意見をきいて、全国の同人雑誌から予選作品を選ぶだけであって、何篇か選ばれたその中から、九名の芥川賞審査員の厳重な審査の結果、決定するのである。その決定はきわめて公平であるといっていい。われわれの意図なぞがそこに加わる余地はない。作家というものはいろいろ欠点もあるが、その長所はきわめて良心的だということである。こういう人たちをわれわれがうまく操縦して、自分に都合のいいような作品を芥川賞に選ばすというようなことなど、できるものではない。またそういう作為が行われたならば、芥川賞が今日の声名を到底得ることはできなかったと思う。石原慎太郎君のときも銓衡委員会では激論が終始つづけられた。最後に決戦投票となって、一票の差で受賞が決定したのである。元兇の一人と思われたわたくしはたくさんの脅迫状を貰い、かなり迷惑したが、面白いもので、しばらくすると攻撃の罵詈《ばり》讒謗《ざんぼう》の投書はだんだん少なくなってきた。「あの小説は若い者の気持を正直に書いてあって面白かった」という投書もだんだんふえてきた。なかで変っていたのは、九州の或るお医者さんからの投書で、エンエンと便箋に細かい字で十枚ぐらい書いてあった。それは「太陽の季節」のなかの主人公が障子を破ることの可能性についての医学的、且つ科学的な実験を報告したものであった。障子紙の張力、またこれを破るものとの角度とかを、異物が障子紙に当って軟化する状態の実験とか、いろいろ具体的な例を挙げて考察し、結論として、もし障子が手漉きの日本紙であったならば、破れるものではない、従ってあの小説のあの部分はウソである、という、まことに念の入った報告であった。いずれにせよ、この小説が異常な世論を捲き起したことは事実であるが、わたくしは芸術品というものは既製の道徳的価値ばかりで判断すべきものではないと思う。

ただ残念だったことは、この作品が映画化されて、活字からくるイメージを、露骨に人間が演技し、そしてその映画を売るために、そうとう煽情的な広告をしたことである。映画会社とすれば、もちろんそれ相当の言い分はあると思うが、活字からくるものと、実際に映像として現われるものとの間には、影響力に大きな相違があった。一つの小説作品が雑誌に現われ、それが映画になり、またラジオに放送され、その社会的反響が、新聞・週刊誌・テレビでとりあげられ、提起されるということは、現代のマスコミの媒体が、戦前から見ると、数倍、数十倍になり、今や思いもよらない物凄い力となって現われているという点で、わたくしは瞠目した。怖いようなものである。

これに携わる者としては、当然みずから戒めるところがなければならない。最近、アメリカを回って来たが、アメリカもマスコミの規模や影響力の物凄さにおいては、日本よりもはるかに先輩である。しかし雑誌に関する限り、たくさん売れている雑誌はみな、きわめて健全で、家庭と社会に融け込んでいるのに感心した。

「あなたの雑誌のフォーミュラはなんですか」

ということは、よく向うのジャーナリスト関係の人に訊かれた。雑誌編集の信条とでもいうのであろう。

「日本の雑誌の終極の目的は、広い意味での社会教育ということの一翼を担うものである」

ということを答えたが、かえりみていささか、くすぐったかった。かえりみて果して百パーセント、その答にかなった雑誌を作っているだろうか。エロといい、グロという、異常なる事件をただ興味本位でとりあげている雑誌が多すぎはしないか。読者もいまはこういった傾向のものに集まっているが、わたくしはこういう混乱もけっきょく一時の現われであって、将来、日本の雑誌界は健全な家庭に入り得る雑誌が生き残るものと思う。アメリカの社会がその前例を示しているし、ヨーロッパでもそうである。人間はやはり健全な、健康なものである。これは信じていいことである。これからの雑誌記者は自分の雑誌をその方向にもってゆくことが大きな責任ではないだろうか。これは何もモラルだのどうだのということでなく、商業的にもそうすることが賢いのである。一時のハッタリや、興味本位で社会の恥部を暴きたてているような傾向は、けっきょく長つづきしないと思う。

戦前から、雑誌記者の地位が低いから、何とかしなくてはならぬという動きがあった。そのためにジャーナリストの団体をつくったりしたこともある。戦後もこうした動きはある。このことにわたくしは特別反対するものでなく、それはそれで結構だと思う。同じ仕事の仲間が集まって、古い形容だが、切磋琢磨することがいいのは決まっている。その団体の名で社会的の発言をすることも重要であるし、正しいことであろう。

しかし、わたくしはこの問題は結局、編集する個人の問題に帰着すると思う。その一人一人が立派な仕事をしなければ何にもならない。自分の仕事と職能に自分で誇りを感ずることなくして、誰が雑誌記者を尊敬することがあろうか。社会というものは、わたくしの見るところ比較的に公平なものである。その仕事を見て、評価してくれる。

戦後、編集者の地位はたしかに上がったと思う。それは、困難ないろいろの条件と戦いつつ、みんながそうした実績をつみあげて行ったからである。私はその将来に対して、もっと楽観している。それは、新時代の教育を身につけた若くて有能な人々が競って、この道に集まってくるからである。わたくしは彼らに期待している。

［完］

解説

今　日出海

男は時には気が滅入ることがあるものだ。そんな時、綿々と愚痴を述べる奴は男とは申し難いが、しかしそれでも滅入ったりした時、酒か友が欲しいものである。池島信平はかかる場合欠かせぬ友として誰からも、先輩同僚後輩からも慕われる因果な性分を持っていた。だが、池島とても侘びしい思いに、ふと捉われることがあるらしい。するとその相手に私が選ばれるのが今までの習いである。但し池島の場合、嬉しい時にも誰か相手が要るようだ。だから彼の呼び出しを受ける回数は甚だ多いというわけである。

私は池島亡き後は銀座へ足を向けることが少なくなった。

「どうだい、今夜閑かい?……」

と電話を受けると、私は抵抗力を失ったものだ。何も池島のせいに帰するわけではないが、彼の気持が浮いていようが、沈んでいようが、彼に声がかかると、何を措いても会いたくなるのだから、不思議な男である。

菊池寛氏が文藝春秋も大きくなる一方で、今年から社員を公募すると言って、確か文化学院だったかの教室を借りて入社試験を試みた。その日の夕方、

「どうだ、君に出来るか」

と菊池さんは自分で考えた試験問題を私に見せた。なかなかむずかしい問題だ。

「これを皆んな出来た奴がいるんだよ」

そんな俊秀の池島が入った時、入社一番先に彼は私に親しげに話しかけて来たのが因縁のそもそもだった。

「僕は菊池寛という人に会ってみたくて受験したんです。あんたは先生と親しそうですね。川端とか、横光という人なら、写真で知ってるけど……」

と私の顔を繁々と見て言った。

それからのつき合いだから、文藝春秋では池島と最も古い友人ということになりそうだ。爾来彼が死ぬまで親しくした。驚いたことにいまだ

に彼を夢に見る。

（こんな時、彼がいてくれたら……）

と始終思う。

彼は東京で育ち、都会っ子であるが、両親の故郷は新潟県柏崎辺で、彼のどこかに地方人気質が巣喰っていて、これを終生持ち続けていた。秀才のインテリだが、凡庸な中産階級の次三男といった性格をも失わない。文藝春秋の読者代表みたいに出来上っている男だ。彼の大学時代の先生今井登志喜教授は、池島をひそかに自分の後継者にしようと思っていたと語っていた。無論いい先生になっていたんだろうが、ふと雑誌記者になると、思いもかけずこれが天職だと自己発見をした。精を出したのも当然である。

彼は性格的には穏やかで、親切で、偏見がない。だから右にも左にも傾かない。その彼が左翼全盛時代にマルクス青年に小突かれ、右翼猖獗時代には生ぬるいと指弾されたのである。しかし肚の底では困った奴らだと思っていたろうが、世の中の変転が目まぐるしかった時代で已むを得ず沈黙していたものの、結局彼の肚の中で思っていたように世間というものは落ち着くのだから、彼の思想は堅実であり、大声を出す奴はいつの時代でも軽薄男子にすぎぬことを彼は早くから見抜いていた。

池島は非凡な才能を持っていたが、その非凡さの現わし方が常に一見平凡に見えた。これが「文春」が誰にも取りつけるし、低級に堕さぬコツみたいなものとなり、今に伝統として雑誌の性格にもなっているが、実は作家が何を書いても作者の個性というか、人間が顕われてしまうように、池島の雑誌作りは個性的であり、甚だ人間的でもあり、つまりは菊池寛の薫陶の賜物とでもいうべきであろうか。

それにしても文春の歴史と自分の経歴みたいなものを本書で書いているが、本当に良識を持つものにとっては、つらい時代を経て来たものである。あの楽天的な池島が遂には好きな雑誌作りから離され、海軍に召集され、最低の一等水兵となり、精神棒でぶん撲られる始末は哀れを催すが、時代の流れというものは恐ろしいもので、ある環境、ある雰囲気に入ってしまうと、理性も人間性も失って恥じぬまでになり下がる大勢の人間がいたものだ。

池島は楽しく飲んでいる時でも、時々悲しげな表情をすることがある。彼には反省癖があって、ふと悲しい目に遭った時のことを思い出すのか、子供のように無邪気な口惜しそうな表情が浮かぶ。決して感情に走ることなく、じっと我慢をする習慣は彼の生得のものとばかりは言えず、彼が一心に習い覚えた形跡もうかがえる。

菊池寛や佐佐木茂索といった癇癪持ちに育てられ、一度も怒り返さなかった修練であろう。また両先輩は単なる癇癪持ちではなく、いうなれば天才的癇癪持ちで、それを池島は自分にないものを持っている人として理解し、尊敬していたから、我慢の修練も半ば楽しく出来たのではあるまいか。

私が眼が悪くなった時、東京ではどうしても癒《なお》らず、京都の病院へ行く羽目になり、彼がつき添って京都まで行ってくれたものである。そして入院の手続きやら、医者や看護婦にも「宜しくお願いします」と頼み歩いてもくれた。約半年の入院生活中、必ず毎月見舞いに来てくれた。京都の暑さに辟易して、着くと直ぐ上りの列車に乗って帰ろうかと思ったよと言いながら、終日枕頭に坐って、面白い話をしてくれ、看護に疲れた妻を連れて、飲みにも行ってくれた。いま思い出しても、池島の明るい笑顔が浮かび、涙さえ出そうになるのである。

彼は文春の社長になっても、日曜日の朝は散歩に出るといって、庭下駄を突っかけ、池袋の盛り場へ出かけ、二番館三番館で吉良の仁吉だの、当時流行《はや》ったやくざもの、西部劇といった映画を見、風呂屋に行き汗を流してから、帰りにラーメンを食い、「全部で百円しないんだぞ」と私に威張ってみせた。大衆の好むものをやはり編集者は知る必要があるという教訓ではなく、そんなところに独りポツンといると、彼は本当に気が安まるのだ。

京都に入院中私の妻を連れて、貴船《きぶね》の料亭といっても、あの急流に板を渡した納涼大衆飲み屋で、鮎を御馳走してくれるのだが、京都の町家の連中と同じく、池島も料理が出る前に汗に塗《まみ》れたアンダーシャツを川で洗い、手すりに乾《ほ》しておき、裸で一杯飲んでいるうちに乾くという趣向を喜んでいたと、妻はよく思い出しては笑っていた。

池島とは、親切をしようと思って努める人ではない。彼の人徳は心の温いところに胚胎しているので、そこに彼独特のユーモアさえ混えて、彼の個性となっている。私は得難い友を失ったと彼の早世をいまだに歎いているが、文春の読者も、また本書の読者も、稀有な彼の存在を知れば、惜しんでも余りあることを解ってもらえると思う。

［小説家・評論家］

書名　雑誌記者　著者　池島信平
2020年1月10日印刷　2020年1月30日初版発行
印刷　日本ハイコム株式会社　製本　加藤製本株式会社
発行所　東京都渋谷区猿楽町11-20-301　土曜社
底本　中央公論社版　1958年
初出　『中央公論』1958年3〜5月号および7〜11月号

西暦	著　　者	書　　名	本体
1939	大川周明	日本二千六百年史	952
1942	大川周明	米英東亜侵略史	795
1952	坂口安吾	安吾史譚	795
1953	坂口安吾	信　　長	895
1955	坂口安吾	真書太閤記	714
1958	池島信平	雑誌記者	895
1959	トリュフォー	大人は判ってくれない	近刊
1960	ベトガー	熱意は通ず	1,500
1964	ハスキンス	Cowboy Kate & Other Stories	2,381
	ハスキンス	Cowboy Kate & Other Stories（原書）	79,800
	ヘミングウェイ	移動祝祭日	714
1965	オリヴァー	ブルースと話し込む	1,850
1967	海音寺潮五郎	日本の名匠	795
1969	オリヴァー	ブルースの歴史	近刊
1972	ハスキンス	Haskins Posters（原書）	39,800
1991	岡崎久彦	繁栄と衰退と	1,850
2001	ボーデイン	キッチン・コンフィデンシャル	1,850
2002	ボーデイン	クックズ・ツアー	1,850
2012	アルタ・タバカ	リガ案内	1,991
	坂口恭平	Practice for a Revolution	1,500
	ソロスほか	混乱の本質	952
	坂口恭平	Build Your Own Independent Nation	1,100
2013	黒田東彦ほか	世界は考える	1,900
	ブレマーほか	新アジア地政学	1,700
2014	安倍晋三ほか	世　界　論	1,199
	坂口恭平	坂口恭平のぼうけん　一	952
	meme（ミーム）	３着の日記	1,870
2015	ソロスほか	秩序の喪失	1,850
	防衛省防衛研究所	東アジア戦略概観2015	1,285
	坂口恭平	新しい花	1,500
2016	ソロスほか	安定とその敵	952
2019	川﨑智子・鶴崎いづみ	整体対話読本　ある	1,850
年二回	ツバメノート	Ａ４手帳	999

土曜社の刊行物

全65点，成立年順，2020年１月

西暦	著　　者	書　　名	本体
1713	貝原益軒	養　生　訓	895
1791	フランクリン	フランクリン自伝	1,850
1897	勝　海　舟	氷川清話	895
1904	岡倉天心	日本の目覚め	714
1906	岡倉天心	茶　の　本	595
1914	マヤコフスキー	悲劇ヴラジーミル・マヤコフスキー	952
1915	マヤコフスキー	ズボンをはいた雲	952
1916	マヤコフスキー	背骨のフルート	952
	マヤコフスキー	戦争と世界	952
1917	マヤコフスキー	人　　間	952
	マヤコフスキー	ミステリヤ・ブッフ	952
1919	大　杉　栄	獄　中　記	952
1920	マヤコフスキー	一五〇〇〇〇〇〇〇	952
1922	マヤコフスキー	ぼくは愛する	952
	マヤコフスキー	第五インターナショナル	952
	大川周明	復興亜細亜の諸問題　上・下	各495
1923	大　杉　栄	日本脱出記	952
	大　杉　栄	自　叙　伝	952
	大　杉　栄	大杉栄書簡集	1,850
	伊藤野枝	伊藤野枝の手紙	1,850
	山　川　均ほか	大杉栄追想	952
	大　杉　栄	My Escapes from Japan（日本脱出記）	2,350
	マヤコフスキー	声のために（ファクシミリ版）	2,850
	マヤコフスキー	これについて	952
1924	マヤコフスキー	ヴラジーミル・イリイチ・レーニン	952
1925	頭　山　満	大西郷遺訓	795
1927	マヤコフスキー	とてもいい！	952
1928	マヤコフスキー	南　京　虫	952
	マヤコフスキー	私　自　身	952
1929	マヤコフスキー	風　　呂	952
1930	永瀬牙之輔	す　し　通	795
1939	モーロワ	私の生活技術	795